SCORPIO

CHRISTOPH SCHLICK

Was meinem Leben echten Sinn gibt

DIE WICHTIGSTEN LEBENSFRAGEN KLÄREN

SCORPIO

© 2017 Scorpio Verlag GmbH & Co. KG, München
Umschlaggestaltung: FAVORITBUERO, München
Grafiken und Umschlagillustration: Designkraft, Salzburg
Layout und Satz: BuchHaus Robert Gigler, München
Druck und Bindung: GGP Media GmbH, Pößneck
ISBN 978-3-95803-088-6
www.scorpio-verlag.de

»Sinnerfülltes Leben ist Leben in Beziehung.«

Meinen beiden Töchtern
Emilia und Ida

Inhalt

Ich darf wirklich glücklich sein!

*»Dies habe ich euch gesagt, damit meine Freude
in euch ist und damit eure Freude vollkommen wird.«*
Johannes 15

Wir leben in einer Zeit, in der sich viele Menschen getrieben
und innerlich leer fühlen. Es ist der Tribut an eine hochmobile,
digitale Welt, die uns viele Annehmlichkeiten bietet, uns aber
auch existenziell herausfordert, weshalb wir dem höchst agilen
Wechselspiel zwischen Dauer und Veränderung, Stabilität und
Dynamik, Nähe und Distanz etwas entgegensetzen müssen.

Nicht umsonst ist Resilienz, die Widerstandsfähigkeit,
ein aktuelles Thema, nimmt doch die Zahl der Burnout-Fälle
immer weiter zu. Der Berufsverband der Psychotherapeuten
berichtete unlängst, dass Menschen mit Depressionen und
Erschöpfungszuständen im Schnitt 64 Tage im Jahr krankge-
schrieben sind, und die Zahl der betroffenen Menschen stetig
steigt.

Es scheint, dass ein Großteil der Menschen in den modernen Leistungsgesellschaften Werte und die innere Heimat verloren hat. Laut Umfragen aus den USA sind mehr als vier Fünf-

tel der Erwerbstätigen zum Abspannen und Nichtstun nicht mehr in der Lage. Dieses Dilemma beschreibt auch der Karlsruher Philosoph Byung-Chul Han. In seinem Buch »Müdigkeitsgesellschaft« spricht er uns eine geringe Toleranz für geistige Entspannung zu. »Anything goes«, meint er, Hauptsache, es kommt in unserem Leben keine Langeweile auf. Schließlich wäre die Langeweile der größte Feind des Menschen und des Lebens in einer Leistungsgesellschaft.

Aus meiner Sicht wird der Unterschied zwischen sinnvollem Innehalten und lustloser Langeweile nicht mehr erkannt. Der Mensch strebt heute nicht mehr nach Erfüllung als dem höchsten Gut, sondern nach Abwechslungsreichtum, Aktion und Spannung. Kommt nur der Anflug innerer Leere auf, wird noch mehr gearbeitet und die Freizeit mit Events gespickt. Warum? Weil der Mensch diesen Zustand der Orientierungslosigkeit, der Boden- und Beziehungslosigkeit partout vermeiden möchte. Weil viele nicht wissen, wie sie damit umgehen sollen und wie der Ausweg daraus aussehen könnte.

Viktor Frankl (1905–1997), der österreichische Arzt und Begründer der Logotherapie und Existenzanalyse, spricht in diesem Zusammenhang auch von »existenziellem Vakuum«. Das Vakuum, sagt er, saugt alles in sich hinein, was es finden kann. Aus diesem Grund versuchen viele, ihre innere Leere mit Arbeits-, Computer- oder Alkoholsucht zu kompensieren, oder sie flüchten in eine Beziehung. Das gibt ihnen kurzfristig Halt und ihrer Seele Ruhe, aber nicht auf Dauer. Bald schleicht sich das nagende Gefühl der Orientierungslosigkeit oder des What's next? wieder ein.

Die einzige Lösung für mich ist es, sich aufzumachen und (s)einen Sinn zu finden: Wenn ich weiß, wer ich bin und was ich hier auf Erden will – wofür ich lebe –, habe ich ein starkes Mittel gegen diese Leere. Es ist das Einzige, was es dagegen gibt, und in unserer Zeit sind wir aufgefordert, dieses Gegenmittel aufzuspüren. Entscheidend sind nicht die Umstände, in denen wir uns gerade befinden, sondern wesentlich ist, wie ich mich zu und in einer Situation verhalte. Schaffe ich es, eine Situation mit Sinn zu erfüllen?

Natürlich hat jeder sich schon mal im Gespräch mit Freunden oder in einer Krisensituation die Frage nach dem Sinn gestellt und sie vielleicht auch weiter vertieft. Dass es eine Methode gibt, dem Sinn des Lebens analytisch auf die Spur zu kommen, wissen die wenigsten. Ich möchte Ihnen zeigen, dass es unglaublich wichtig ist, bereits in den kleinen, alltäglichen Situationen Ihres Lebens die vielfältigen Sinn-Spuren wahrzunehmen. Diese Möglichkeit möchte ich Ihnen in diesem Buch näherbringen mit individuellen Anleitungen, wie Sie sich auf die Suche nach Orientierung und Leitplanken für Ihr Leben begeben können. Damit Sie sich nicht von Beschleunigungsprozessen und Multioptionalität bestimmen lassen, die wir kaum hinterfragen, sondern von der Frage geleitet werden: »Was ist mir wirklich wichtig?«

Mit dem Symbol eines Baumes, Ihres Lebensbaums, werde ich Sie durch dieses Buch begleiten. Bin ich in Balance, erfüllt und zufrieden, ist der Baum prächtig anzusehen in seiner ganzen Kraft. In einer Krise allerdings werden die Blätter welk, sie können vereinzelt auch ausfallen, weil Nährstoffe und Wasser fehlen oder weil Frost ihm zusetzt, sich ein Pilz oder Schädling in seinem Stamm eingenistet hat. Warum? Weil ich mein Leben mit zu wenig sinnvollen Inhalten gefüllt habe, eine schwere Krankheit oder ein Energiesauger mich lähmt oder sich (zum Beispiel durch die Geburt eines Kindes) mein Leben komplett verändert hat. Vielleicht habe ich als junger Mensch auch nicht gelernt zu erkennen, was mir wichtig ist: Ich habe kein eigenes Wertekonzept entwickelt oder einfach das meiner Familie unbewusst und unreflektiert übernommen. Ich habe kein eigenes etabliert, eines, das mich, meine Fähigkeiten und Bedürfnisse berücksichtigt.

Wenn dem so ist, habe ich das Gefühl, dass das Leben immer dünner wird, und irgendwann frage ich mich: War's das jetzt? Ich habe alles, aber warum fühle ich mich nicht gut?

Wenn ich solche Menschen in der Beratung erlebe und ihnen die Frage stelle: »Wer bist du?«, tritt großes Schweigen ein. Sie wissen oftmals nicht, wer sie sind, und schon gar nicht, was sie wirklich wollen. Auch ihre Grenzen kennen sie nicht. Doch nur wer weiß, was ihm wichtig ist, der kann sich begrenzen und Energiesauger wie Job, Partner und auch Kinder in ihre Schranken weisen.

Menschen, die ihre Grenzen kennen, können beispielsweise sehr viel arbeiten, ohne in ein Burnout zu geraten. Sie wissen, was sie tun, und wollen das auch. Sie sind nicht Spielball ihrer Aufgaben, anderer Menschen oder eigener mentaler Saboteure wie »Mach's allen recht« oder »Sei stark«. Nein. Sie wissen klar zu unterscheiden und leben, wie wir es nennen, ihre Werte. Werte sind das Salz in der Suppe unseres Lebens, welche wir leben, auch das klärt dieses Buch: Sich seinem Sinn anzunähern muss nicht gleich über die Fragen aller Fragen geschehen, sondern kann spielerisch passieren. Die Wege dazu sind vielseitig, und zu Beginn dieses Prozesses geht es darum, sich selbst näherzukommen. Um Schritt für Schritt wieder ins Fühlen und zu einem Gefühl für sich selbst zu kommen, was vielen Menschen, die sich innerlich als leer erleben, abhandengekommen ist.

Und glauben Sie mir, jeder Mensch kann sein Leben gut und erfüllend ausgestalten, wenn er bereit ist, sich auf die Auseinandersetzung mit seiner Sehnsucht und der Frage nach dem Sinn einzulassen. Natürlich gibt es viele Menschen, die sich dieser Frage lange nicht stellen, weil sie dem Bedürfnis nach Ablenkung nachgeben oder bereits eine gute innere Balance gefunden haben. Aber jeder muss sich damit auseinandersetzen, was ich auch jedem Menschen wünsche. Viele kommen dahin erst am Ende ihres Lebens, was oft schmerzvoll ist, manche schon früher.

Viele Bücher beschreiben das: Christiane Salm: »Dieser Mensch war ich. Nachrufe auf das eigene Leben«, Bronnie Ware: »5 Dinge, die Sterbende am meisten bereuen« oder Doris Tropper: »Hätte ich doch ... Von den Sterbenden lernen, was im Leben wirklich zählt«. Sie beschreiben, wie sich am Ende des Lebens Sehnsüchte und ungelebte Bedürfnisse melden. Weil manche Menschen dann oft feststellen, dass sie zwar funktioniert, aber nicht gelebt haben. Das muss nicht sein. Ich möchte Ihnen Orientierung auf Ihrem Entwicklungsweg und Lösungen geben, und es tut gut, sie sich anzusehen. Weil sie erfüllendste und bereicherndste Erkenntnisse bergen. Das verspreche ich Ihnen!

In diesem Sinn wünsche ich Ihnen viel Inspiration beim Lesen. Mein Buch soll Sie zu mehr Freude und Fülle führen.

Herzlich,
Ihr Christoph Schlick

KAPITEL 1

Die Suche nach dem Sinn ist die große Frage nach dem Wofür

> *» Wer ein Wofür im Leben hat,*
> *erträgt fast jedes Wie.«*
> FRIEDRICH NIETZSCHE

Sich nach dem Wofür zu fragen ist stärker, als einfach nur nach dem Sinn des Lebens zu fragen. Wieso das Wofür zu kennen heute wichtiger denn je ist und welche Erfahrungen ich bei der Auseinandersetzung damit sammelte, darum geht es hier.

Sisyphos machte es immer und immer wieder: Er wälzte einen Felsblock einen Berg hinauf. An der Spitze angekommen, entglitt er ihm und rollte zu Tal. Dort nahm er ihn wieder auf und wälzte den Stein erneut nach oben. Wieder und wieder – mühsam, sinnentleert, never ending.

Als Strafe, weil er den griechischen Todesgott Thanatos täuschte, wurde er zu dieser stupiden Daseinsschleife verdonnert. Keine schöne Metapher, doch viele von uns fühlen sich heute in einer ähnlichen Dynamik gefangen. Weil wir in unserer modernen Leistungsgesellschaft stark in sogenannten »Schaffenswerten« leben.

Viele von uns sind getrieben von existenzieller Unsicherheit: Seit der Finanzkrise Anfang des 21. Jahrhunderts waren Beschäftigungsverhältnisse auf Lebenszeit nicht mehr selbstverständlich, seither schüren Negativzinsen die Überschuldung, und Horrormieten in den Städten lösen weitere Angstszenarien aus. Gleichzeitig ist die zunehmende Digitalisierung eine wachsende Herausforderung, auf allen möglichen Kanälen aktiv zu sein. In der galoppierenden Globalisierung wächst die Komplexität, in Filialsystemen und remote work, also mit Mitarbeitern, die überall auf der Welt sitzen und Teams und Unternehmen zuarbeiten, nicht abgehängt zu werden. Das sind Faktoren, die unseren Einsatz antreiben. Aus diesem Grund spricht die Heidelberger Trendforscherin Kerstin Ullrich auch vom »Multi-Duty-Life«.

Viele versuchen, den Wettbewerbsvorteil zu sichern. Das Erwerbsleben wird in die Freizeit ausgedehnt, wir networken, bilden uns weiter und sind für Job-Belange immer im Standby. Diese Fortschritts- und Steigerungslogik wie der permanente Wachstumszwang des Kapitalismus schürten die Beziehungslosigkeit mit uns selbst, wie der Jenaer Soziologe Hartmut Rosa in seinem neuen Buch »Resonanz« feststellt.

Viele Menschen empfinden ihr Leben als leer und haben insgeheim eine tiefe Sehnsucht: Da muss doch noch mehr sein! War das schon alles? Manche suchen nach Hilfsmöglichkeiten. Oftmals kurz bevor eine Krankheit ausbricht, eine Beziehung in die Brüche geht oder ein Job hingeworfen wird. Manchmal auch in einer manifesten Krise oder in Zeiten des Wandels und der Veränderung, dem Tod der Eltern, wenn die Kinder das Haus verlassen oder ein Kind zur Welt kommt. Oft können ganz positiv empfundene Veränderungen eine Krise auslösen und die innere Leere zutage fördern.

Innere Leere entsteht – wie in der Einführung bereits angedeutet – ähnlich wie bei einem kränkelnden Baum. Sind wir in Balance, ist der Baum grün und saftig, in einer Krise allerdings beginnt er Blätter abzuwerfen. Weil er krank wird oder, was häufiger vorkommt: Sisyphoshafte Routine gräbt ihm Wasser und Nährstoffe ab. Etwa weil ich mein Leben mit zu wenig sinnvollen Inhalten gefüllt habe oder weil ich die Werte einer nahen Bezugsperson unreflektiert als die meinen lebe. Doch dieses Gefühl der Leere zeigt mir, dass ich mich selbst, meine Wurzeln und meine Quellen wiederfinden soll, um wieder Sinn und Freude in meinem Leben zu finden.

Ich soll meine Bedürfnisse und Sehnsüchte erkennen und reflektieren, soll mich fragen, nach welchen Lebensinhalten und Erlebnissen ich strebe. Ich soll also herausfinden, wer ich bin und was mir wichtig ist, um Erfüllung und Stärke zu erlangen.

Viele Menschen, die in unsere Beratung kommen, haben den Bezug zu sich selbst, zu ihrem inneren Kern verloren, oder sie haben diesen noch gar nicht gefunden. Gemeinsam klären wir dann, was der Einzelne braucht, denn jeder trägt die Lösung bereits in sich. Die Suche nach sich selbst und dem Sinn des Lebens ist kein Hokuspokus. Wer den Mut hat, sich darauf einzulassen, wird ihn und sich finden.

Der Mut ist neben der Sehnsucht eine treibende Kraft. Allerdings macht auch Leidensdruck mutig und treibt uns an, über uns hinauszuwachsen, um das zu entdecken, was glücklich macht: Jeder hat einen ureigenen Stein der Weisheit, das Juwel, das einen strahlen lässt. Oder, um es mit Augustinus auszudrücken: »Nur wer selber brennt, kann andere entzünden!«

Viktor Frankl: Vater des »Wofür«. Wie er und andere mich prägten

>*»Nicht wir sind es, die das Leben fragen,*
>*sondern das Leben fragt uns.«*
>VIKTOR FRANKL

Anders als das Warum gibt einem das Wofür mehr Handlungsspielraum. Das Warum ist rechtfertigend, das Wofür zukunftsorientiert. Es geht bei unserem Nachdenken und Tun nicht darum, das Warum seines Lebens zu erkennen, sondern das Wofür. Das ist meine These.

Wie mein Impulsgeber Viktor Frankl (1905–1997), der als Vater der Logotherapie und Existenzanalyse diese These aufstellte, die ich im Lauf der Zeit angepasst und modifiziert habe, gehe auch ich davon aus, dass Leben, in jedem Augenblick, an sich bereits sinnvoll ist.

Viktor E. Frankl
Holocaust-Überlebender und Lebensbejaher

Frankl war österreichischer Neurologe und Psychiater. Er studierte Medizin, interessierte sich sehr für Depressionen und Suizid und hat neben seiner medizinischen Dissertation (1930) eine philosophische Dissertation mit dem Titel »Der unbewusste Gott« (1948/49) geschrieben. Schon vor seinen schrecklichen Erlebnissen in verschiedenen Konzentrationslagern entwickelte er die sogenannte Logotherapie und Existenzanalyse. Als Ho-

locaust-Überlebender beschreibt er in seinem Buch »...
trotzdem Ja zum Leben sagen. Ein Psychologe erlebt das
Konzentrationslager« seine persönliche Erfahrung, aber
noch mehr seine Haltung. Bislang wurde es Millionen
Mal verkauft, und die US-amerikanische Library of Congress
nennt es »one of the ten most influential books in
America«. Die von Frankl auf Basis seiner Expertise und
seiner erschütternden Erlebnisse in vier Konzentrationslagern
immer weiter entwickelte Theorie und Therapie
setzt sich mit Sinn und erfülltem Leben auseinander und
will, dass wir uns als Gestalter unseres Lebens sehen.
Frankl sagt, dass Sinn nicht gegeben werden kann, sondern
gefunden werden muss. Es gibt für uns immer Möglichkeiten
der Sinnverwirklichung, in jeder Situation, jedem
Moment unseres Lebens. Frankls Ansatz fragt nicht:
Warum ist das Leben so oder so, sondern stellt aktiver,
das Leben selbst formend, die Frage: Wofür bin ich hier?

Zentrale Begriffe sind »Selbsttranszendenz« und
»Selbstdistanzierung«. Selbsttranszendenz bedeutet für
ihn, dass der Mensch erst dann ganz Mensch wird, wenn
er gelernt hat, die Grenzen seines »Ego« zu überschreiten
und in der Hingabe an eine Sache oder an einen Menschen
aufzugehen und dadurch sich selbst zu er-gänzen,
also ganz und »heil« zu werden. Selbsttranszendenz ist
die innere Voraussetzung für die Selbstdistanzierung,
etwa durch humorvolles Absehen von sich selbst, um sich
in all seinen Facetten wahrzunehmen. Das bedeutet auch,
das Unbequeme zu betrachten, das, was einen demotiviert,
krank macht und Sinn raubt, und dem gegenzusteuern.
Frankl nennt diese Widerstandskraft die »Trotzmacht
des Geistes«. Sie ist eine Fähigkeit, die uns immer
wieder aufstehen und das Sinnvolle anstreben lässt.

Es geht also – und damit widerspreche ich manchen philosophischen Ansätzen – darum, nach dem Wofür zu fragen, und nicht nach dem Warum. Wir können nicht den großen Sinn des Seins erfragen, denn das Sein als solches können wir nicht infrage stellen. Das Sein ist! Davon bin ich ganz fest überzeugt und gelangte über meine Lebenserfahrung, nicht nur durch meine über zwanzigjährige Zeit als Benediktinermönch in der Abtei Seckau, zu dieser Auffassung. Zeit meines Lebens sehe ich mich als neugierig Suchenden: Ich hatte das Glück in einer sehr vielseitig interessierten Familie groß zu werden, mein Vater war Anwalt, meine Mutter Pharmazeutin, sie interessierten sich sehr für Kultur, Politik und die Welt.

Dieses Umfeld prägte mich, ebenso wie die intensive Zeit mit meinen Großeltern, die mit mir wie mit einem kleinen Erwachsenen sprachen und sich von mir wahre Kanonaden von Warum-Fragen gefallen lassen mussten. Darüber wunderte sich mein Großvater nicht, sondern erzählte nur amüsiert bei Familienfeiern, wie ich auf dem Nachhauseweg vom Kindergarten mit ihm über einen möglichen Hubschrauberlandeplatz auf einem Sportplatz philosophierte, an dem wir vorbeigingen. Auch mit meinem Vater pflegte und pflege ich einen lebendigen Diskurs. Er war rhetorisch und thematisch sehr herausfordernd, hinterfragte alles und hat uns Kinder in vielerlei Richtungen gefordert und gefördert. Der soziale Kreis meiner Familie waren Professoren, Politiker, Botschafter und Journalisten. In der Schule ging es bei den Gesprächen mit Freunden und Lehrern um die großen Fragen des Lebens: Woher kommen wir? Was ist unser Auftrag, was unsere Rolle? Bald war mir klar, dass ich nicht in die Anwaltskanzlei meines Vaters einsteigen wollte.

Ein Jahr vor meinem Abitur nahm ich mit zweihundert jungen Leuten aus ganz Österreich an der Veranstaltung »Jugend feiert Ostern« in der Benediktinerabtei Seckau teil und war sofort fasziniert von dem Credo des Ordens »Ora et labora et lege« (Bete und arbeite und lies). Dieser Rhythmus aus Schaffen und Stille war der ideale Rahmen, dem Sinn nachzuspüren, dem Eingebundensein in etwas Größeres. Und wie deren Credo zum Ausdruck bringt, sind die Benediktiner der am stärksten auf Balance zwischen Kontemplation (Gebet, Meditation, Gottesdienst, Stille) und Tätigkeit (Wissenschaft, Bildung, Kultur, Handwerk, Landwirtschaft) ausgerichtete Orden.

Aus ihm entwickelte sich im Lauf der Jahrhunderte eine auf der gesamten Welt verbreitete Kulturträgerschaft mit imposanten Klöstern wie Montecassino, St. Peter, Cluny, Mont-Saint-Michel, Melk, Kremsmünster, Maria Laach, St. Ottilien oder Ettal. Das beeindruckte mich ebenso wie die Gedanken der Lehrer der frühen Kirche. Angefangen bei Augustinus, über Gregor den Großen, Johannes Chrysostomos, Nicolaus Kabasilas, bis hin zu meinem klösterlichen Namenspatron Albertus Magnus. Ihre unverstellte Sicht und ihre Auseinandersetzung mit allen Wesensfragen des Menschen machten sie zu meinen spirituellen Vätern.

Ich war sehr jung mit der wirtschaftlichen Verantwortung im Kloster betraut worden. Wir mussten an dem alten, 1140 errichteten Kloster in Seckau viel erneuern, und wir konnten das nicht selbst stemmen. So hatte ich mich stark mit Fundraising, Denkmalpflege, Architektur, Mitarbeiterführung und Ähnlichem beschäftigt. Und immer mehr kam ich zu dem Schluss: Nur restauratorisch tätig zu sein, das ist für mich zu wenig!

Die Ordensgemeinschaft hatte aus meiner Sicht die Chance verpasst, sich zu erneuern. Das ließ mich nachdenklich werden und mich auf die Suche begeben. Damals schon war ich der Meinung, dass wir immer die Chance und den Freiraum besitzen, sinnvoll zu leben, und dass jeder aus eigener Verantwortung diesen Freiraum nutzen kann. So fielen Frankls Worte bei mir auf äußerst fruchtbaren Boden. Auch er war davon überzeugt, dass wir Verantwortung für unser Leben übernehmen müssten, und so kam ich nach Jahren des Nachdenkens, Ringens und Haderns zu dem Ergebnis: »Ich muss etwas verändern. Ich bin auch verantwortlich für mich und muss einen anderen Weg einschlagen.« Auf die Frage nach meinem Wofür im Kloster fand ich nun die Antwort: Für die wirtschaftliche Sicherheit und für die Erneuerung und Erhaltung der Gebäude. Das kann es nicht sein, dachte ich.

Leben – wie ich es verstehe – bedeutet immer Veränderung, Wachstum, Weiterentwicklung. Die mehr als zwanzig Jahre im Kloster habe ich als sehr hilfreich und lehrreich, ja, als sinnvoll für mich erfahren, und ich möchte keinen Tag davon missen. Auch die Entscheidung, diesen Weg gewählt zu haben, habe ich nie bereut. Doch ein Wechsel hat sich angekündigt, spürbar durch meine innere Stimme der Sehnsucht. Der Sehnsucht, weiterzugehen, meiner inneren Berufung zu folgen und nicht stehen zu bleiben.

Als Achtsamer und Suchender ist man immer aufmerksam und hinterfragt, was ist. Man spürt, da ist noch mehr, und das Mehr fand ich in der Person und Rede Viktor Frankls auf einem Familienkongress 1988 in Wien. Mit zwanzig unserer Internatsschüler war ich aus Seckau angereist und lauschte mit zweitausend anderen Teilnehmern gespannt Frankls Vortrag »Von der Selbstverwirklichung zur Sinnverwirklichung«.

Auch wenn ich Frankl bereits als Schüler durch einen Zufall (meine Eltern kannten den Organisator einer Veranstaltung, auf der er 1978 sprach und zu der auch ich eingeladen war) reden hörte, nahm ich ihn in Wien bewusst wahr und wusste: Ich wollte mehr über Frankls Thesen wissen!

Allerdings sollten fast weitere zehn Jahre verstreichen, bis ich mir das erste Buch besorgte und bei einem Kongress in Augsburg Dr. Elisabeth Lukas kennenlernte. Sie ist eine Schülerin Frankls, und es stellte sich heraus, dass sie eine Ausbildung in »Logotherapie und Existenzanalyse« anbot, die erste im deutschsprachigen Raum. Als ich nach drei Jahren mit der Ausbildung fertig war und mir für meine Neuorientierung ein Sabbatical vom Klosterleben gewährt war, fragte ich Frau Lukas: »Was könnte ich tun?« Sie meinte: »Na ja, Sie mit Ihren Erfahrungen und Fähigkeiten, warum bieten Sie nicht eine Ausbildung in Österreich an?«

Gesagt, getan: Ein halbes Jahr feilte ich am Konzept und eröffnete im April 2001 das Institut für Logotherapie und Existenzanalyse in Salzburg. Im Herbst startete bereits die erste »Grundausbildung Logotherapie« mit zwölf Teilnehmern. Neben vielen Einzelberatungen, Unternehmens-Coachings, Vorträgen und Seminaren führten wir die Grundausbildung bislang sechzehn Mal durch, die mittlerweile ein staatlich zertifizierter Lehrgang ist.

Doch nun zurück zur großen Frage nach dem Wofür und wie wir sie erschließen können.

Hilfsmittel und Wegweiser, um Sinn zu erfassen

Die Geschichte vom Indianer und der Grille

Ein Indianer, der in einem Reservat weit von der nächsten Stadt entfernt wohnte, besuchte das erste Mal seinen weißen Bruder in der Großstadt. Er war sehr verwirrt vom vielen Lärm, von der Hektik und vom Gestank in den Straßenschluchten. Als sie nun durch die Einkaufsstraße mit den großen Schaufenstern spazierten, blieb der Indianer plötzlich stehen und horchte auf.

»Was hast du?«, fragte ihn sein Freund.

»Ich höre irgendwo eine Grille zirpen«, antwortete der Indianer.

»Das ist unmöglich«, lachte der Weiße. »Erstens gibt es hier in der Stadt keine Grillen, und zweitens würde ihr Geräusch in diesem Lärm untergehen.«

Der Indianer ließ sich jedoch nicht beirren und folgte dem Zirpen. Sie kamen zu einem älteren Haus, dessen Wände ganz mit Efeu bewachsen waren. Der Indianer teilte die Blätter, und tatsächlich: Da saß eine große Grille.

»Ihr Indianer habt eben einfach ein viel besseres Gehör«, sagte der Weiße im Weitergehen.

»Unsinn«, erwiderte sein Freund vom Land. »Ich werde dir das Gegenteil beweisen.«

Er nahm eine kleine Münze aus seiner Tasche und warf sie auf den Boden. Ein leises »Pling« ließ sich vernehmen. Selbst einige Passanten, die mehr als zehn Meter entfernt standen, drehten sich augenblicklich um und schauten in die Richtung, aus der sie das Geräusch gehört hatten.

»Siehst du mein Freund, es liegt nicht am Gehör. Was wir wahrnehmen können oder nicht, liegt ausschließlich an der Richtung unserer Aufmerksamkeit. Was du hörst, sagt mehr darüber aus, wie du denkst, als was dich umgibt.«

Wie diese Geschichte zeigt, geht es darum, unsere Aufmerksamkeit zu bündeln, und das beginnt, wenn wir lernen zu hören. Hinzuhören, was die leise in uns sprechende Stimme, die ich manchmal *Stimme unserer Sehnsucht* nenne, sagen will.

Der LOGOS

»Höre, mein Sohn,
auf die Weisung deines Meisters.«
BENEDIKT VON NURSIA

Um den Sinn, um das Wofür erspüren und erfahren zu können, um dieser Verantwortung gerecht zu werden, ist es an uns, zuerst einmal zu hören.

Hören ist eine Grundfunktion, die den gesunden Menschen begleitet, die er aber oft vergisst. Denn was genau hören wir? Wem hören wir zu? Dem immer lauter werdenden Lärm der Welt oder den vielen Stimmen in unserem Kopf? Auf die unabdingbare Notwendigkeit der Stille werde ich später noch eingehen, an dieser Stelle geht es mir um das Offen-Sein, das Achtsam-Sein, weil es die Grundvoraussetzung für unsere Suche nach dem Wofür ist. Hören ist in allen großen Traditionen eine Voraussetzung, sich dem Gegenüber zu öffnen.

Erlauben Sie mir, hier die Erklärung des Wortes LOGOS aus der Logotherapie einzufügen. Logos, aus dem Altgriechischen λογος, ist ein Begriff, der ganz viele Bedeutungen hat, die wir in drei große Gruppen zusammenfassen können: Die uns geläufigste ist die Gruppe mit dem Überbegriff **Wort/Sprache** (auch

LOGOS I	WORT SPRACHE LEHRE
LOGOTHERAPIE ≠ LOGOPÄDIE	Biologie Archäologie Gynäkologie Theologie

Lehre, denken Sie an Geo-logie oder Neuro-logie). In diesen Bereich gehört auch der Begriff der Logopädie (Sprecherziehung), mit dem die Logotherapie allzu oft verwechselt wird.

LOGOS II	ORDNUNG
	Firmenlogo
	Logarithmus
	Logistik
	Berechnung
	Verhältnis

Die zweite Begriffsgruppe überschreibe ich gerne mit **Ordnung**. Hier finden wir die meisten Fremdwörter, die wir heute noch verwenden (Logik, Logistik, Logarithmus, Logo).

LOGOS III	SINN
	Vernunft
	Wert
	Wertschätzung
	Gott

Die dritte Begriffsgruppe hat als zentralen Begriff den **Sinn**. Auch Begriffe wie Wert, Gott, Weltgeist oder Kraft finden sich in Übersetzungen.

Viktor Frankl wählte als Bedeutung für seine Wortprägung der Logotherapie den Begriff »Sinn«. Er formuliert einmal die Logotherapie als »healing through meaning«, also »Heilen durch Sinn«.

Sinn begegnet uns, erlauben Sie mir das aus der griechischen Übersetzung abgeleitete Wortspiel, als Wort. Und wenn wir nicht bereit und offen sind zu hören, dann kann dieses Wort, sei es eine äußere oder eine innere Stimme, leicht an uns vorbeiklingen. Wir sind gewohnt, das Laute, das Vordergründige für wichtig zu erachten, doch wie viel wesentlicher sind die leisen Zwischentöne, die Pausen, die gewisperten, geflüsterten Inhalte. Das Kleingedruckte im Kontext der Plakate und Leuchtschriften.

All dies wird wichtig aus zweierlei Gründen: Wort hat immer auch mit Verantwortung zu tun.

Wort bedeutet die Möglichkeit, in Beziehung zu treten, die Möglichkeit, das Angebot, den Sinn zu erfahren.

Das, was von mir gefordert, ja notwendig ist, ist meine Antwort. Das bedeutet im Dialog sein, das Angebot wahrnehmen, es ergreifen oder ablehnen. Paul Watzlawick sagte einmal, dass wir nicht nicht kommunizieren können. Dem stimme ich zu und ergänze: Selbst mit dem Logos, dem Sinn, dem Wort, das uns begegnet, können wir nicht nicht kommunizieren. Auch das Wort, den Sinn nicht zu hören, ihn vorbeigehen zu lassen, ihn abzulehnen, ist eine Form der Kommunikation.

Daraus ergibt sich und darin inbegriffen ist eine Folge aus diesem Wortspiel, die uns nicht immer ganz sympathisch ist. Wenn wir den Begriff der Ant-Wort weiterführen, kommen wir unweigerlich zum Begriff der **Ver-Ant-Wort-Ung**. Also: Für meine Ant-Wort auf das Angebot des Sinns trage ich die Verantwortung.

Hören und eine Antwort geben kann ich allerdings nur, wenn ich gefühlt und verstanden habe. Wenn ich meinem Innersten gelauscht habe und meine innen wohnende Sehnsucht wahrnehmen und zum Ausdruck bringen kann.

Doch bleiben wir beim Hören: Mit dem Hören beginnt

auch der Prolog des heiligen Benedikt, des Gründungsvaters des Benediktinerordens: »Höre, mein Sohn ...«, und weiter: »Neige das Ohr deines Herzens ...« Das ist die wichtige Aufforderung: Nimm das Angebot, dein Potenzial, die Gefühle und Bilder wahr, die sich dir mitteilen wollen, denn dann erst beginnt ein Prozess, der dir Antwort gibt und dich ant-worten lässt, der deine Fragen nach dem Sinn klärt.

Körper – Psyche – Geist

> *»Alle Materie entsteht und besteht nur durch eine Kraft, welche die Atomteilchen in Schwingung bringt und sie zum winzigsten Sonnensystem des Alls zusammenhält. Da es im ganzen Weltall aber weder eine intelligente Kraft noch eine ewige Kraft gibt, so müssen wir hinter dieser Kraft einen bewussten intelligenten Geist annehmen.«*
> MAX PLANCK

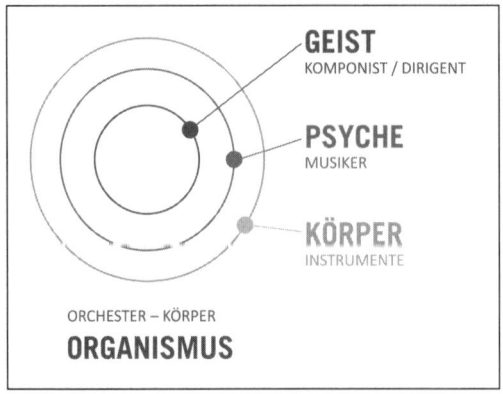

Und dazu – um wahrnehmen zu können – braucht mein Geist die Psyche und den Körper als Hilfsmittel, um sich in dieser Welt auszudrücken. Selbst dann, wenn er, wie Frankl meinte, in der Lage ist, auch über Körper und Psyche hinweg mit der »Geistigen Person« eines anderen in Beziehung zu treten (Bei-Sein), aber das nur am Rande.

Um das Zusammenspiel der drei Komponenten des Menschseins: Körper, Psyche und Geist besser zum Ausdruck bringen zu können, verwende ich gern eine Metapher aus unserem kulturellen Umfeld: das Orchester. Der Körper fungiert dabei wie die vielfältigen Instrumente eines Orchesters. Gäbe es sie nicht, könnte die Komposition (der Sinn) nie gespielt werden und zur Aufführung gelangen. Das bedeutet, niemand würde sie hören. Und gäbe es nicht diese Vielzahl an Instrumenten, könnte auch nicht diese große Vielfalt an Stimmungen, Klängen und Emotionen erzeugt und ausgedrückt werden. Natürlich ist es wichtig, dass die Instrumente richtig funktionieren – »gesund« sind – und nicht nur ge-stimmt, sondern auch aufeinander ab-gestimmt sind.

Auf diesen Instrumenten nun spielen die Musiker. Sie symbolisieren die Psyche und benutzen ihre Trompeten, Pauken oder Geigen, je nachdem, in welcher Stimmung sie sind, welche Erfahrungen sie jetzt, gerade vor dem Konzert, oder im Lauf ihres Lebens gesammelt haben. Gefühle wie Angst, Trauer, Freude und vieles mehr. Triebe lassen die einzelnen Spieler ihre Ziele verfolgen. Auch der Wille, die Wahrnehmung, das Gedächtnis als großer Speicher unserer Erfahrungen und das Denken als Krönung unserer menschlichen Fähigkeiten sind präsent und spielen ihre Rolle.

Und an dieser Stelle erhebt sich die alles entscheidende Frage: Wer bestimmt, wie dieses Stück nun aufgeführt wird? Und: Welches Stück wird gespielt? Wo ist die Kraft, die all die verschiedenen Musiker zusammenführt und ihnen Richtung, Ordnung, Sinn gibt?

Es ist das Ich, das Selbst, die »Geistige Person«. Sie ist sowohl Komponist als auch Dirigent. Unsere Psyche ist manchmal »gestört«, wie auch die Musiker abgelenkt oder missgestimmt sein können. Unser Köper kann krank werden, so wie Instrumente verstimmt sein können.

Bevor ich aber näher zum Geist und zum geistigen Kern komme, der uns neben dem Körper und der Psyche führt, wenn es um die Frage nach dem Wofür geht, möchte ich Ihnen zur Haltung noch ein paar Denkanstöße geben und auch zum Spannungsfeld, in dem sich die Sinnsuche abspielt.

KAPITEL 2

Das spezifisch Menschliche — was uns ausmacht

Haltung: Wir haben alle Möglichkeiten in der Hand

>*» Niemand ist frei,*
der über sich selbst nicht Herr ist.«
MATTHIAS CLAUDIUS

Es gibt immer ein So oder So, ein Ja oder Nein, ein Entweder-Oder, ein Sowohl-als-Auch, und jeder von uns besitzt die Freiheit zu wählen, ob er sich als Opfer sieht oder als Dirigent und Komponist. Das ist ein Grundgesetz im Leben und hängt in erster Linie von unserer Haltung ab.

Wir haben alle Möglichkeiten in der Hand, und unsere Einstellung dem Leben gegenüber entscheidet darüber, welche Komposition wir spielen. Viktor Frankl war nicht nur ein begnadeter Psychotherapeut und Arzt, er hat auch den menschenverachtenden Alltag von vier Konzentrationslagern überlebt, und er überlebte auch, dass ein Großteil seiner Familie dort ums Leben kam, ebenso wie Freunde und andere Mitgefangene. Und dennoch hat er seinen Lebenswillen nicht verloren. So schreibt er etwa in seinem Buch »... trotzdem Ja zum Leben sagen«: »Wer von denen, die das Konzentrationslager erlebt haben, wüsste nicht von jenen Menschengestalten zu erzählen, die da über die Appellplätze oder durch die Baracken des Lagers gewandelt sind, hier ein gutes Wort, dort den letzten Bissen Brot spendend? Und es mögen auch nur wenige gewesen sein – sie haben Beweiskraft dafür, dass man dem Menschen im Konzentrationslager alles nehmen kann, nur nicht: nur nicht die letzte menschliche Freiheit, sich zu den gegebenen Verhältnissen so oder so einzustellen. Und es gab ein ›So oder so‹! Und jeder Tag und jede Stunde im Lager gab tausendfältige Gelegenheit, diese innere Entscheidung zu vollziehen, die eine Entscheidung des Menschen für oder gegen den Verfall an jene Mächte der Umwelt darstellt.«

Frankl geht davon aus, dass jeder es selbst in Händen hat, wie er sein Leben sieht, und meint, jeder Einzelne solle sich als Dirigent sehen, der mit Kreativität sein Geschick wandeln kann, und diese machtvolle Fähigkeit selbstbestimmt wahrnehmen. Das ist Frankls Meinung und auch unsere Maxime bei unseren Beratungen.

Wir sind Gestalter unseres Lebens und fühlen uns nicht als Opfer. Wir dürfen erkennen, dass es immer Möglichkeiten gibt – ganz nach dem Motto: Es kommt nicht darauf an, wie eine Situation ist, sondern was ich aus ihr mache. Mit einem Sprachspiel könnten wir sagen: Ergänzen wir unser OPFER-Dasein nur um drei Buchstaben und zwei Punkte, werden wir zum SCHÖPFER unseres Lebens. Das mag oft eine große Herausforderung sein, doch meist liegt die Entscheidung des Perspektivenwechsels, der neuen Haltung, wirklich nur bei uns selbst!

Diese schöpferische, optimistische, dem Leben zugewaɪ Haltung ist mir wichtig. Und nicht die Aussage: Weil me. Oma, Kindheit, Schule, Eltern, die wirtschaftliche Lage so und so waren, deswegen geht es mir schlecht. Davon distanziere ich mich ganz klar: Ich vertrete den Standpunkt, dass wir unsere Möglichkeiten frei nutzen und unsere Fähigkeit, in die Selbstdistanz zu gehen, einsetzen können. So können wir viel leichter neue Lösungen und Antworten finden. Schließlich ist die innere Einstellung wandelbar. Man kann seine innere Einstellung gegenüber allem, was einem widerfährt, frei wählen. Und jeder hat die Wahl zu entscheiden, ob er Teil des Problems oder Teil der Lösung sein will.

Um sein Leben oder widrige Umstände leichter zu schultern, rät Frankl, und das ist auch meine Ansicht, es immer wieder aus der Distanz zu betrachten. Das eröffnet neue Perspektiven, und man kann lernen, Dinge nicht zu ernst, sondern mit Humor zu nehmen. Er spricht in diesem Zusammenhang auch von Selbstdistanzierung und von Trotzmacht. Dass man sich trotz schwieriger Situationen nicht unterkriegen lässt und sich behauptet.

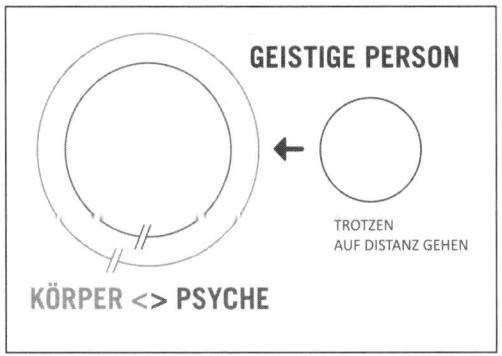

GEISTIGE PERSON

TROTZEN
AUF DISTANZ GEHEN

KÖRPER <> PSYCHE

Auch mit einem »Gedanken-Switch«, zu dem Frankl rät, kann es gelingen, dass einen herausfordernde und konfliktbeladene Ad-hoc-Situationen weniger berühren. Wenn man, statt zu jammern, versucht, sich kreativ abzulenken und sich in eine Art gedankliche Exkursion zu begeben.

Ein Beispiel: Hat ein Kollege oder der Partner gerade einen Wutausbruch, lässt man sich mit dem Gedanken-Switch nicht von dem Ärger des anderen anstecken und ablenken. Man kann »innerlich« kurz zur Seite gehen, sich die Situation und sich selbst in dieser Situation ansehen. So kann man zuallererst aufsteigende negative Gefühle – vielleicht sogar mit einer Portion Humor – beobachten und wegschicken, neue Perspektiven einnehmen, unerkannte Ressourcen entdecken und dann in die Situation zurückkehren und diese neu gestalten.

Dadurch gelingt es, effizient weiterzuleben, die Beziehung zu schonen und positive Kräfte wachsen zu lassen. So wird man widerstandsfähiger und gelassener seiner Umwelt und sich selbst gegenüber.

Im Grunde sind wir alle da, um zu lernen und uns weiterzuentwickeln und in unserem Innersten Sinn zu finden. Wir sind alle gesund – aber wir sind auch »krank«. Denn jeder von uns hat einen Rucksack geschultert.

In diesem Rucksack befinden sich Verletzungen, Komplexe und Verhaltensmuster, die uns überreagieren und vorschnell Entscheidungen treffen lassen, ebenso wie unsere jeweilige Haltung: Schaue ich auf das Problem (und fixiere es vielleicht sogar), oder schaue ich dahin, wo meine positiven Erfahrungen liegen, meine Ressourcen schlummern, mir Kräfte wachsen? Welchen Blickwinkel ich einnehme, hängt mit meiner Haltung zusammen.

Wer nur die Probleme sieht, wird kaum glücklich sein. Und wem zum Beispiel der Zugang zum Urvertrauen fehlt, der läuft Gefahr, im Lauf seines Lebens in die Leere abzurutschen. Wer keinen Zugang zu seinem Urvertrauen hat, kann das Leben nicht bejahen, auch die Dynamik und die Kreativität nicht.

Andererseits wohnt in dem Erkennen dieses Defizits die Chance, zu einem authentischen Ich zu gelangen, das sich mit all seinen Ecken und Kanten, Stärken und Schwächen wahrnimmt und zu sich und dieser Mannigfaltigkeit steht. Hierin liegt auch die Chance, seine alten Muster, seine belastenden Glaubenssätze, sein vielleicht verkorkstes Gottesbild neu zu entdecken und neu zu definieren.

Oftmals hat man uns bescheinigt, dass wir mangelhaft, ja sogar sündhaft und mit Schuld beladen seien. Das kann dazu führen, dass uns der Wert und die Größe der Kraft des Urvertrauens nie bewusst und schon gar nicht spürbar geworden sind. Oft geht es bei den Themen von Sünde und Schuld um die Macht bestimmter Institutionen. Mit ihr soll der Mensch kleingehalten werden. Das gilt es, zu durchschauen und einen neuen

Wert, nämlich »Ver-trauen«, dagegenzusetzen und diesen entsprechend aufzubauen. Mein Wunsch an Sie ist es, dass Sie sich Ihr Leben zutrauen – denn das Leben hat sich getraut, sich Ihnen anzuvertrauen. Trauen Sie sich, Mut zu haben: Lebens-Mut! Ur-Vertrauen und Lebens-Mut sind Zwillinge unserer inneren Kräfte!

Und jetzt kommen wir zu einer wichtigen Komponente, die beim Aufspüren von Sinn sehr wesentlich ist: Mit welcher Brille ich aufs Leben schaue und welche Möglichkeiten ich mir zugestehe – meine Haltung steuert die Werte, die ich lebe. Ein »existenzielles Vakuum«, eine Sinn-Leere, entwickelt sich nicht nur aus einer gefühlten, persönlichen Ohnmacht oder einem großen Verlust heraus, sondern auch deswegen, weil mein Wertgefüge nicht in Balance ist.

Doch bevor ich dazu und zu anleitenden Übungen komme, möchte ich noch ein paar Dinge zur Sehnsucht anmerken, zur Sehnsucht, die uns bei unserer Suche nach dem Sinn führt, und Ihnen einen Abriss davon geben, welche inneren Kräfte in uns wirken.

Der Geist, unser ureigener Wegweiser

> *»Ein ›geistiges‹ Wesen ist also nicht mehr*
> *trieb- und umweltgebunden, sondern*
> *›umweltfrei‹ und … ›weltoffen‹:*
> *Ein solches Wesen ist ›Geist‹ und hat ›Welt‹.«*
> MAX SCHELER

Der beste Unterstützer, den jeder Einzelne von uns auf dieser Reise zu seinem Sinn hat, ist die sogenannte »Geistige Person«, wie Frankl definierte und damit den Kern des Menschenbilds der Logotherapie und Existenzanalyse beschrieb.

Die Geistige Person oder der Geist ist eine wichtige Kraft auf dem Weg in die Wirklichkeit, weil sie Lösungen und Verwirklichung bringt. Und immer, wenn ich die folgenden Zeilen des Religionsphilosophen Martin Buber (1878–1965) lese, entsteht in mir aufs Neue die Gewissheit, dass die Dimension des Geistes nicht hoch genug einzuschätzen und zu würdigen ist.

»Geist, in seiner menschlichen Kundgebung, ist Antwort des Menschen an sein Du. Der Mensch redet in vielen Zungen, Zungen der Sprache, der Kunst, der Handlung, aber der Geist ist einer, Antwort an das aus dem Geheimnis erscheinende, aus dem Geheimnis ansprechende Du. Geist ist Wort.«

Was bedeutet »Geist ist Wort«? Weil das Thema Geist ein so wichtiges ist, möchte ich in diesem Kapitel etwas ausführlicher werden, da ich mich im Lauf meines Lebens sehr intensiv mit diesem Phänomen beschäftigt habe. Geist, die geistige Person, mein höheres Ich, mein Selbst, sind Synonyme für ein und dieselbe Kraft. Die Kraft in mir, die ich nur fühlend, hörend, nicht denkend, erahnen und erschauen kann. Trotzdem ist dies *die* Kraft, die mich leben lässt.

In seinem Einleitungsreferat im Rahmen der Salzburger Hochschulwochen präsentierte Viktor Frankl 1950 erstmals seine Gedanken zur »Geistigen Person« unter dem Titel »Zehn Thesen zur Person«. Den Kern dieser zehn Thesen bildete sein zweifaches Credo, sein Glaubensbekenntnis.

Kurz zusammengefasst, sagte er, er glaube erstens an die Existenz einer geistigen Person, an ein Ich und ein Selbst hinter aller psychischer und somatischer Störung oder Erkrankung.

Zweitens glaube er daran, dass es ganz wesentlich die Fähigkeit dieses Geistes im Menschen sei, immer aktiv zu sein, und er die Fähigkeit besitze, auf Distanz zu gehen. Auf Distanz zu sich und seiner Umwelt, um sich selbst zu gestalten, um – im Bild des Orchesters – Dirigent zu sein oder, wenn nötig, zu »trotzen«.

Das Schöne ist, wir können diesen unseren »Geist« kennenlernen und ihn uns bekannt machen. Durch Ruhe, Stille, Natur, durch inneren Dialog und In-uns-Hineinhören und Hineinschauen. Ich kann das aber auch im Dialog mit Menschen, denen ich vertraue und die mir wichtig sind, etwa mit einem Coach oder mit meinem Partner. Ich kann mit ihnen oder allein hinfühlen und hinschauen auf die Gefühle und Sehnsüchte, die aus meiner Tiefe kommen.

Viktor Frankls großes Verdienst war und ist, dass er in der Psychologie der Moderne den »unbewussten Geist« (wieder) eingeführt hat. Als Schüler von Frankl war das für mich, damals als Mönch und Theologe, eine großartige Erkenntnis, dass seine Begründung nicht von einem religiösen Glauben, nicht von Äußerlichkeiten abhängig war. Frankl stellte eine These auf, zu der er bedingungslos stand, die aber auch diskutiert werden kann. Sie ist für ihn kein neues parareligiöses Gebot, sondern ein Angebot und eine Chance.

Mein Credo: der unbedingte Glaube an die geistige Dimension des Menschen

»Es gibt keine Grenzen.
Weder für Gedanken noch für Gefühle.
Es ist nur die Angst, die immer Grenzen setzt.«
INGMAR BERGMAN

Mein persönliches Credo ist in diesem Zusammenhang der unbedingte Glaube an die »Geistige Person«. Es gibt sie! Und sie wirkt! Dabei ist Geist, wie ich ihn verstehe, nicht nur Verstand, Denken, Wahrnehmung, nicht nur Intellekt. Geist ist mehr! Ich zitiere an der Stelle gern Blaise Pascal (1623–1662) mit seinem berühmten Satz: »Das Herz hat seine Gründe, die der Verstand nicht kennt.« Und dieses Zitat soll auch hier als Basis dienen, als das Herz dieser Betrachtungen. Aus diesem Herzen heraus formuliere ich mein Credo und meine Überzeugung. Denn es ist, wie es der Psalmist im Alten Testament festhält, eine Weisheit des Herzens – *sapientia cordis* –, wenn und dass wir über die Dimension des Geistes überhaupt nachdenken (können) und sie zusammen mit dem Verstand für das Finden unserer Sehnsucht, unseres Sinns nutzen können.

Nach allen meinen persönlichen Betrachtungen, meiner Lebenserfahrung, den Erlebnissen in der Therapie, Seelsorge und Beratung, nach allen Erkenntnissen, Einsichten und vor allem aus einem tiefen Gefühl der Überzeugung heraus stelle ich zwei Aspekte des Geistes fest:

»Geist ist« – er hat ein Sein.

Und:

»Geist will« – er hat eine Wirkung.

Geist hat ein Wesen, ein Sein, eine Geschichte

Geist ist! Das ist meine erklärte These, ohne hier weiter Bezug auf die Philosophie, die Metaphysik (die Lehre von den Dingen, die über unsere Natur hinausgehen) und die Ontologie (die Lehre vom Sein) zu nehmen. Geist hat ein Sein, ein ewiges Sein, ein ewiges Da-Sein. Geist ist ein Synonym dafür, dass etwas ist oder überhaupt da ist. Es geht dabei nicht um Wissen. Es geht vielmehr um Vertrauen, es geht um das Schauen, das Fühlen und Erfahren.

Es ist Frankls großes Anliegen, den Geist in seiner Anthropologie als selbstständige Dimension (Geist-Person) zu definieren, ihn aber nur zusammen mit dem Psycho-Physikum zu sehen. Bereicherung und neue Denkanstöße erhalten wir zu diesem Thema nicht nur aus der Philosophie und der Theologie, sondern auch aus der modernen Physik, insbesondere der Quantenphysik. Obwohl seit gut hundert Jahren gesichert und anerkannt, wird diese im Kontext der Psychologie und Medizin kaum beachtet. Einer der Urväter der Quantenphysik, Max Planck (1858–1947), formulierte es so: »Der Geist ist der Urgrund aller Materie.«

Geist, wie ich ihn verstehe, in seiner unermesslichen Größe, ist und bleibt universell, unfassbar, manchmal erahn-, fühl- und fassbar. In der Form, wie wir Geist in uns, in unserer Persönlichkeit entdecken dürfen, ist er sehr persönlich, einmalig, einzigartig.

Geist ist nach Frankl – in seinen »Zehn Thesen zur Person« – Individuum, unteilbar und insummabile, nicht auflösbar in etwas Größeres (Gemeinschaft, Gesellschaft, Rasse …). Geist, die geistige Person, ist absolut einmalig und macht jeden Men-

schen zu etwas Einzigartigem, Unersetzbarem, Unverwechsel-
barem und Unaustauschbarem.

Ich *habe* Körper und Psyche, aber ich *bin* mehr als all das,
was ich an mir habe. Ich bin auch mehr als das, was mein Umfeld (Familie, Gesellschaft, Kultur ...) ausmacht und aus mir
machen möchte. Ich bin, wie Augustinus (354–430) es stau-
nend vor dieser Größe des Menschen ausdrückt, »Grande pro-
fundum est ipse homo« (Welch große Tiefe ist dieser Mensch).
Und der Philosoph Friedrich Hegel (1770–1831): »Der Geist
offenbart sich als das Riesenhafte, Himmel und Erde, Gut und
Böse zusammenfassende Integralzeichen.« Integrieren, zusam-
menführen und verbinden – das ist die Aufgabe oder zumindest
eine der Aufgaben des Geistes.

Geist, menschlicher Geist, steht nicht für sich selbst, man
kann ihn erleben und erfassen. Er ist unteilbar, bleibt immer
ganz und heil. Geist ist die Mitte der Seele des Menschen, er ist
und bleibt die Verbindung zur Transzendenz, und er lebt voll
und ganz in der Immanenz, im Hier und Jetzt.

Geist ist! Und in diesem Ist steckt seine unendliche Größe.

Acht Aspekte, was und wie Geist für mich ist

>*Der Göttliche Geist schläft in den Steinen,*
>*atmet in den Pflanzen, träumt in den Tieren*
>*und erwacht im Menschen.*«
>ALTE INDISCHE WEISHEIT

Aspekt 1: Geist ist anders

Die Andersartigkeit des Geistes und all dessen, was uns in der geistigen Person begegnet, ist das immer wieder Überraschende und Erweiternde. Wir können Geist nicht einschränken, festlegen oder festmachen. Geist ist anders, neuartig, eröffnend, erweiternd und Alternativen suchend. Der US-amerikanische Autor und Franziskanerpater Richard Rohr weist uns in seinem Buch »Hiobs Botschaft« darauf hin, dass Gott der ewig Andere ist, der Unerwartete. Das können wir auch von unseren Geist sagen: »Wenn du die Welt verändern willst«, meint ein buddhistisches Sprichwort, »dann musst du sie mit anderen Augen betrachten, anders ansehen. Dann erkennst du das Neue, das Wesentliche.«

Auch bei unserer Arbeit mit unseren inneren Bildern und inneren Begleitern (wie Sie im Kapitel zur »Imagination« noch erfahren werden) können wir uns manchmal hinter unsere Begleiter stellen und eine andere Perspektive auf die Welt, auf das, was wir bisher gesehen und gedacht haben, eröffnen.

Die modere Neurophysiologie lehrt – und verwirft damit bisherige Annahmen –, dass unser Hirn als »Trägermechanismus unseres Geistes« nie »fertig« und ausgereift ist. Ständig kann es Neues hervorbringen, neue Verknüpfungen schaffen und neue Perspektiven eröffnen.

Aspekt 2: Geist ist dialogisches Sein

Geist ist »dialogisches Sein«, so formuliere ich in Anlehnung an Martin Buber. Geist ist ewiges Du, Geist ist – und es geht nicht anders – ausgerichtet auf ein Du, auf ein Gegenüber. Mein Geist ist der Partner meiner intimsten Selbstgespräche. Geist ist zuerst Wort und gleichzeitig auch Ant-Wort. Er ist Dialog in beiden Richtungen, Frage und Antwort – Antwort und Frage. Schon unsere biologische Existenz ist, so sagt uns die neue Hirnforschung, zum Beispiel im Bereich der Spiegelneuronen, auf Beziehung ausgerichtet.

Geist kann in Beziehung treten und auch wieder auf Distanz gehen. Ich möchte hier an das eingangs erwähnte Zitat erinnern: Martin Buber, der diese Fähigkeit des Menschen so großartig beschreibt, formuliert auch: »Die *Du*-*Welt* hat in Raum und Zeit keinen Zusammenhang. Das einzelne *Du* muss, nach Ablauf des Beziehungsvorganges, zu einem *Es* werden. Das einzelne *Es* kann, durch Eintritt in den Beziehungsvorgang, zu einem *Du* werden ... In allem Ernst der Wahrheit, *du*: ohne ein Es kann der Mensch nicht leben. Aber wer mit ihm allein lebt, ist nicht der Mensch.«

Aus diesem Spiel von *Ich* und *Du* und *Ich* und *Es*, ja noch philosophischer: Aus dem Spiel von *Wort* und *Antwort* wird das, was wir *ver-ant-wort-lich* nennen.

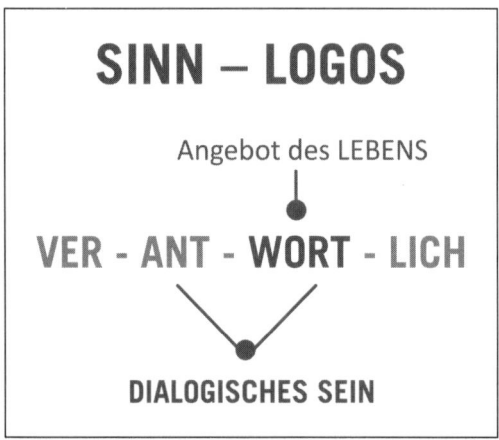

Wir sind hineingenommen in die Verpflichtung, Antwort zu geben. Antwort an unser Du, an unser inneres Du und an das Du, das von außen Angebote, Fragen und Forderungen an uns heranträgt.

Dazu Frankl: »Das Leben selbst ist es, das dem Menschen Fragen stellt. Er hat nicht zu fragen, er ist vielmehr der vom Leben her Befragte, der dem Leben zu antworten – das Leben zu ver-antworten hat.«

Geist ist dialogisch, er ist auf das Du ausgerichtet und, was ganz wesentlich ist, er wählt sich dieses Du auch aus. Das ist auch der Urgedanke des Bundes Gottes mit seinem Volk im biblischen Denken. Das ist die Grundlage der Einmaligkeit und Einzigartigkeit einer menschlichen Bindung, auf die wir uns einlassen können.

Das ist auch der Hintergrund der Idee Frankls, dass sich Geist verhalten kann und will zu etwas oder zu jemandem.

Geist möchte sich »einstellen« zu etwas. Frankl formuliert das in seinem Begriff der »Einstellungswerte«. Hier wird eine der Fähigkeiten des Geistes in uns ganz konkret wirksam. Wir werden das im Bereich der Werte-Kategorien näher betrachten.

Geist möchte vertrauen können, wofür er eines Du in sich selbst und in seinem Gegenüber bedarf. Wenn wir Ur-Vertrauen immer wieder vermissen, ist für mich eine Verletzung oder ein nicht Bewusst-Sein des In-Beziehung-Seins, des dialogischen Grundkonzeptes, zu erkennen.

Geist möchte aber nicht nur vertrauen, er möchte sich anvertrauen. Er möchte begegnen, in Beziehung treten und auch in Beziehung bleiben.

Durch Kommunikation, das heißt Kommunikation durch gemeinsames Sein (»*communio*«), kommt und bleibt ein unendliches Gespräch in Gang. Wenn wir das *Du-Prinzip* unseres Geistes kennen, dann bleiben wir in unendlich schönen, tiefen Gesprächen mit diesem Geist. In uns und mit dem Du im anderen. Frankl nennt das schlicht und einfach »*Bei-Sein*«. Dies ist wohl eine seiner größten und tiefsten Formulierungen.

Und dieses Bei-Sein ist weit mehr als Einfühlsamkeit, Mitgefühl oder Empathie. Es wird spürbar in der tiefen, raum- und zeitfreien Verbundenheit von Liebenden, in der distanzunabhängigen Beziehung einer Mutter zu ihrem Kind oder auch in der mystischen Schau des Göttlichen.

Aspekt 3: Geist ist aufmerksam

Den Begriff der »Aufmerksamkeit« habe ich bei der Mystikerin Simone Weil (1909–1943) entdeckt. Augustinus sagt es ebenso in einem sehr schönen Bild: »Der Geist sei das Auge der

Seele« (»*oculus animae*«). Das Schauende, immer offene, nicht einschlafende Auge der Seele. Wahrnehmen kann nur die Gesamtheit! Das Auge kann nicht hören, das Ohr nicht sehen, manchmal schläft das Auge und sieht nicht, oder das Ohr hört nicht.

Geist hingegen ist immer aufmerksam: Er ist der Ort des Ge-Wissens – nicht des moralischen Gewissens, sondern des Ur-Wissens. Weil dieser Geist aufmerksam ist, weiß er um das, was in jedem Augenblick meines Lebens notwendig und richtig ist. Geist ist der offene Punkt in unserem tiefsten Innern, an dem der Himmel hereinschaut. Er ist der Ort in uns, der den Himmel immer sehen kann, weil er immer aufmerksam schauend ist.

Diese Schau ist manchmal mystisch, über sie sollte man nicht reden. Hohe Dinge sieht und fühlt man, kann sie aber nicht aussprechen, weil sie so überwältigend und nicht in Worte zu fassen sind – wie manchmal ganz tiefe, bedingungslose Liebe. Meist ist diese Schau aber ganz geerdet, praktisch, hier und jetzt in unserem Leben.

Ich umschreibe das wieder mit einem Fremdwort, das uns allen geläufig ist: »Intuition«. *Intuere* bedeutet im Lateinischen nichts anderes als schauen. Unsere Intuition schaut das, was jetzt ist. Und weil wir schauen können, können wir uns als ganze Menschen aus dieser geistigen Person heraus – aus dieser geistigen Tiefe – ausrichten auf etwas. Wenn wir etwas nicht sehen, tun wir uns schwer, uns darauf auszurichten. Im (inneren) Schauen ist uns dies möglich.

Wir können uns ausrichten auf ein Du, auf Werte und auf Aufgaben. »Ausrichten« allein aber ist mir inhaltlich und begrifflich zu schwach. Das Ausrichten braucht meines Erachtens hier noch etwas mehr Spannung, mehr Aktivität, mehr Aufmerksamkeit, mehr Richtung an sich.

»Intention« wäre hier das richtige Wort – *tendere* heißt im Lateinischen spannen, ausstrecken. Wir kennen das auch im Englischen: *tension*. »Geist ist intentional«, formuliert Frankl. Geist ist voller Spannung. »Intentional« heißt somit für mich: voller Spannung ausgerichtet sein. Geist ist aufmerksam, intuitiv und intentional. Um die »Spannkraft des Geistes« zu verdeutlichen, möchte ich einen weiteren Begriff einführen.

Aspekt 4: Geist ist dynamisch

Hier folge ich der achten These von Frankls »Zehn Thesen zur Person«. Diese erfüllt mich immer wieder mit Begeisterung. Im Wort »Dynamit« für Sprengstoff steckt das altgriechische Wort *dynamis*. Für uns bedeutet dies: Geist hat Sprengkraft! Er kann Panzer von uns absprengen, er kann neue Wege eröffnen und uns durch den tiefsten Berg bringen. Karl Jaspers sagt: »Geist ist immer in Bewegung. Geist ist der Vollzug.« Und Hans Urs von Balthasar, einer der großen Theologen des 20. Jahrhunderts: »Geist ist Ereignis.« All dies sind Synonyme für diese Dynamis, für diese Urkraft. Die Urkraft, die am zeitlosen Anfang unseres Lebens steht, wenn wir in diese Welt treten.

Geist will wirken! Er möchte Wirklichkeit schaffen, er möchte Wirkung haben, Sinnvolles tun (Schaffenswerte) und Sinnvolles erleben (Erlebniswerte).

Aspekt 5: Geist ist kreativ

Geist ist noch mehr: Er ist kreativ, schöpferisch, schafft Neues. Aus dieser Kreativität heraus will er gestalten. Als Erstes, so sagt uns Frankl, möchte er unser Psychophysikum (Körper/Seele) gestalten, zur Persönlichkeit, zum Original. Vom »Typ zum Original«, so hat es der Psychotherapeut Uwe Böschemeyer einmal genannt, möchte er uns gestalten und führen. Geist bewirkt, meint Frankl, erst die Integration und Einheit zwischen all unseren Trieben, unseren verschiedensten Bedürfnissen, unseren differenzierten Interessen. Also zwischen all dem, was zum Psychophysikum gehört. Er möchte gestalten, wie ein Komponist oder Dirigent sein Orchester leitet, das er »aufleben« lassen möchte. Nicht nur sich, sondern auch seine Um- und Mitwelt will Geist gestalten. Nicht nur gestalten, sondern auch integrieren, einbinden in sich und seine Kräfte, was das Mensch-Sein ausmacht: Bewusstes und Unbewusstes, Bekanntes und Unbekanntes, Inneres und Äußeres, Innen-Welt und Außen-Welt.

Und noch etwas: Der kreative Geist will auch therapieren. Der Geist als Therapeut (der Begriff *thereapeia* aus dem Altgriechischen heißt heilen, aber in der älteren Bedeutung auch dienen) möchte dem Leben, dem Sinn, dem Logos in mir und der Welt um mich dienen. Er möchte in dieser Therapie des Dienstes und Heilens etwas wecken, das wir heute mit dem Fachbegriff »Resilienz« umschreiben: meine psychischen Widerstandskräfte, die mir helfen, wirklich »Ich« zu werden und »gesund« zu bleiben.

Dieser kreative Geist möchte auch Widerstand leisten. Er möchte trotzen. Hierin liegt für mich Frankls »Trotzmacht des Geistes«. Trotzen will der Geist in unserem Sinn dem »Geist, der stets verneint«, dem Widersacher, dem Gegenspieler in Form personaler Gestalten, und all dem Widerwärtigen dieses

Lebens. Er möchte sich empören. Emporheben über das, was ihn in seinem Sumpf gefangen hält. Er möchte uns über sich aus unseren Blockaden, Fesseln, Erkrankungen und Störungen lösen. »Heiliger Zorn«, nicht »blinde Wut«, ist eine Urkraft unseres personalen kreativen Geistes.

Widerstand leisten möchte er auch – und das ist, wenn vielleicht auch paradox, für Frankl äußerst wesentlich, im Humor, im Lachen. Humor und Selbstdistanz sind die kreativen Widerstandskräfte unseres Geistes. Und hier finden wir Kräfte des menschlichen Geistes wunderbar vereint.

Aspekt 6: Geist ist frei

Das Wesen unseres Geistes ist es auch, frei, un-bedingt, un-blockiert zu sein! Er ist von seinem Wesen her frei von Trieben, frei vom »Getrieben-Sein« und frei für oder zu etwas zu stehen. Für Verantwortung, für Entscheidung, für ein Du, für Werte, für eine Aufgabe. *Geistperson*, so beschreibt es Balthasar in Anlehnung an Jaspers, *ist* per definitionem *Freiheit*. Kirkegaard lehrt uns, diesen *Schwindel der Freiheit* zu sehen, aber ihn auch auszuhalten.

Wenn wir uns unserer Freiheit bewusst werden, dann wird uns schwindlig. Es schwindelt uns vor dem gewaltigen Potenzial dessen, was alles möglich ist. Dann möchten wir am liebsten davonlaufen und uns wieder einschränken, zurück zu dem gehen, was wir ohnehin schon kennen. Geist ist aber die lebende Herausforderung zur Freiheit. Wie sagt der Volksmund: Besser bekanntes Unglück als unbekanntes Glück. Wenn wir uns dieser unserer Freiheit nicht stellen, droht uns der dunkle Abgrund der Angst. In diesem Sinn will Geist ent-decken, ent-wickeln, wachsen, reifen und Frucht bringen.

Aspekt 7: Geist ist und will leben

Geist will leben. Er *ist* und will *leben* im Hier und Jetzt. In dieser unserer Welt. In Raum und Zeit. In der Zukunft – da war er schon. Und in der Vergangenheit – da wird er immer schon gewesen sein. Wir brauchen uns also nicht zu sehr um die Zukunft Sorgen zu machen, denn die kennt er schon, oder uns an der Vergangenheit zu sehr festmachen, denn diese hat er überwunden. Das heißt nicht, dass wir uns nicht kennen sollen, in allen Phasen unseres Lebens, aber in keiner sollten wir hängen bleiben. Wir sind aufgefordert, im Hier und Jetzt zu leben.

Geist will uns in unsere Gegenwart holen. Dieser Geist, der leben will, ist die Kraft gegen die Langeweile und die Gleichgültigkeit, die beiden Ur-Symptome, die in die Sinnkrise, wie Frankl dies formuliert, führen. Mehr noch: Der Geist in seiner Aufmerksamkeit, in seiner Dynamis, in all seinen Funktionen, dieser Geist ist die Kraft gegen die Gegenspieler (wie Angst und Zweifel) und gegen den Tod.

Doch: Wir sollen und dürfen die Logotherapie, die Therapie überhaupt, nicht religiös einbetten. Religion, so sagt Viktor Frankl, ist für die Logotherapie Gegenstand, aber nicht Standpunkt.

Meine Forderung ist: Wir sollten Therapie, wir sollten Leben spiritualisieren, mit Geist erfüllen. Sonst haben Therapie und unser Leben keine Kraft gegen den Tod. Carl Gustav Jung (1875–1961) sagt, die Seele ist »naturaliter religiosa«, und erklärt: »Gott selbst hat die Seele vergottet.« Gott selbst hat unserer Seele einen Anteil gegeben, der leben will, der nicht untergehen kann. Geist ist Leben und will leben. Und jetzt bleibt eigentlich nur mehr eines.

Aspekt 8: Geist ist Liebe und will lieben

Geist ist die Liebe, und er will zum einen lieben, so wie wir Menschen lieben, mit all unserer Sehnsucht, aber auch mit all unserer Bruchstückhaftigkeit, Verletzbarkeit und Zerbrechlichkeit. Zum anderen in der Form des »unbewussten Gottes«, des großen Geistes: Lieben ohne Vorbehalt, ohne Wenn und Aber, ohne Bedingtheit und Schuld, die Wertfülle und Möglichkeiten schauend. Solche Liebe ist, wie Frankl sagt, immer Geschenk und Gnade. An diesen Geist, aufgebaut auf dem, was ich von Viktor Frankl lernen durfte und was ich selbst erfahren konnte, an diesen Geist, so wie ich ihn zu beschreiben versucht habe, glaube ich.

Glauben nicht als Religion oder gar Konfession, sondern in meinem Ur-Vertrauen, in meinem Ge-Wissen, in meinem Ur-Wissen.

Geist ist Liebe, und Geist will diese Liebe leben. Trotz und gegen Angst, Verlust, Verzweiflung, Trauer und Einsamkeit. Wie sagte auch Johann Wolfgang von Goethe (1749–1832) so vortrefflich: »Denn das Leben ist die Liebe. Und des Lebens Leben Geist.«

KAPITEL 3

Werte erkennen — Sinn leben

*» Wo immer wir von der ehrfurchtslosen ...
zur ehrfürchtigen Haltung gegenüber den Dingen
übergehen, da sehen wir, wie ihnen etwas
hinzuwächst, was sie vorher nicht besaßen;
wie etwas an ihnen sichtbar und fühlbar wird,
was vorher fehlte: Eben dies ›Etwas‹ ist
ihr Geheimnis, ist ihre Werttiefe.«*
MAX SCHELER

Werte bestimmen, wie wir uns verhalten. Erfahren Sie hier, welche Gruppen es gibt und wie Sie sich ihre Werte bewusst machen können.

Es ist eine große Herausforderung, sich einem wirklichen Dialog über Werte in unserer Zeit zu stellen. Das Überangebot scheint erdrückend, und Gesellschaft, Wirtschaft, Politik und Spiritualität wetteifern mit immer neuen Werte-Angeboten.

Selbst wenn es darum geht, so etwas wie universelle Werte festzulegen – für mich gehören etwa Respekt, Achtung, Liebe, Friede, Freiheit dazu –, scheint manchmal der kleine und große

Konsens verloren zu gehen – oder vielleicht gar nicht gefunden worden zu sein.

Der Begriff »Werte« ist zu einem Schlagwort geworden, das überall gebraucht und vielerorts auch missbraucht wird. Für mich ist etwas ein Wert, wenn ich weiß und es fühle, dass mir dieser Mensch, diese Sache, dieses Gefühl, diese Haltung wirklich sehr wichtig ist: Denn wissen, was ich wirklich will, ist die Grundlage sinnerfüllten Lebens!

Werte sind grundsätzlich eine ganz individuelle Angelegenheit: Es steht uns nicht zu, jemandem unsere Werte oder unsere Wertehierarchie aufzuzwingen. Gerade im letzten Jahrhundert mussten wir leidvoll erleben, wie verführerisch und wie zerstörend aufgedrängte Werte wirken können. Auch, und das passiert uns ganz schnell im täglichen Miteinander, dass wir mit Kategorien wie gut/böse, schuld/nicht schuld, vertraut/fremd, gesund/krank andere einordnen und übersehen, wie übergriffig, verletzend oder verurteilend solche Be-Wertungen sein können.

Doch ohne Werte geht es nicht, weil wir sonst völlig orientierungslos wären. Wenn uns nichts mehr wichtig wäre, wüssten wir bei der nächsten Kreuzung nicht, in welche Richtung wir gehen und wofür wir uns entscheiden sollen.

Die andere Zugkraft bei der Betrachtung unseres Wertesystem ist, dass uns fast alle Traditionen, die sich mit der Entwicklung der Menschen beschäftigen, raten, zuerst einmal alle bisherigen, übernommenen, oft belastenden oder auch liebgewonnenen Werte loszulassen. Um frei zu werden, uns neu orientieren zu können, um den Impuls wahrzunehmen, der uns aus unserer Tiefe zeigen will: »Was willst du wirklich?«

Diesem »Wissen, was ich wirklich will« auf die Spur zu kommen, ihm Raum zu geben und zu beginnen diesen Weg zu gehen, ist für mich das Zentrum gelungener, sinnvoller persönlicher und in der Folge auch gesellschaftlicher Entwicklung und Stabilität.

Es braucht dazu Stille, Loslassen, Vorurteilslosigkeit. Deepak Chopra beschreibt dazu eine Übung, deren Essenz uns immer wieder guttun kann: »Ich werde mich in Vorurteilslosigkeit üben. Ich werde meinen Tag mit der Aussage beginnen: ›Heute werde ich nichts beurteilen, was mir zustößt‹ und mir dies den ganzen Tag über ins Gedächtnis rufen.«

Da wir ohne Werte, ohne Bewertung, ohne Werte-Ranking die Wertigkeit – oder noch deutlicher: den Sinn – einer Situation nicht erkennen und erfassen können, brauchen wir gleichzeitig so etwas wie ein Werte-Bewusstsein und ein Werte-Training. Ich möchte Ihnen dazu Viktor Frankls Grundmodell und meine weiterführenden Ideen anbieten.

Wie bei so vielen Dingen im Leben geht es um eine Balance zwischen meiner Haltung, meinem Tun und meinem Erleben.

WERTE

TUN	ERLEBEN	HALTUNG
SCHAFFENS-WERTE	ERLEBNIS-WERTE	EINSTELLUNGS-WERTE
Haus bauen	Freude	Liebe
Geld verdienen	Gefühle	Dankbarkeit
Bild malen	Glück	Hoffnung
Musik spielen	Zufriedenheit	Ur-Vertrauen
Gesundheit	Geborgenheit	Bei-Sein
Familie	Erfolg	Humor, Mut
Freunde	Genießen	Verzicht
Hobby	Entspannung	Trotzmacht d. Geistes
Wissen	Neugier	Leidensfähigkeit
Verlust	*Angst*	*Zweifel*

Wie wir eingestellt sind, handeln und Dinge erleben, das steuern Werte.

Werte, das wissen wir aus kulturellen und soziologischen Betrachtungen, sind nicht immer sichtbar und drücken sich zum Beispiel in Vorlieben, bestimmten Ritualen, Umgangsformen und Gewohnheiten aus, aber auch in Form von Statussymbolen und Aufgaben, die wir gern übernehmen, oder Zuständen, die wir erreichen wollen. Welche Werte wir leben, kann jeder Einzelne selbst analysieren. Sie lassen sich in drei verschiedene Gruppen einteilen: meine Haltung, mein Erleben und mein Tun. Daraus lassen sich Schaffens-, Erlebnis- und Einstellungswerte ableiten.

Mein Tun — schöpferische, also »Schaffens-Werte«

> *» Vor der Erleuchtung:*
> *Holz hacken, Wasser tragen.*
> *Nach der Erleuchtung:*
> *Holz hacken, Wasser tragen.«*
> WORT AUS DEM ZEN-BUDDHISMUS

Mein Tun ist die Grundlage meines Bestehens in dieser Welt. Es ist, nach herkömmlichem Verständnis, die Basis meines Lebens. Auch Abraham Maslow (1908–1970) beschreibt in seiner Bedürfnispyramide die Werte, die Frankl in derselben Zeit als Schaffens-Werte als Basis seiner Lebens-Pyramide formulierte.

Diese Werte hängen mit Tun, Arbeit, Beziehungen, Geld, Gesundheit, Natur zusammen, sie sind das, was wir als »materielle« Werte bezeichnen. Und sie sind die, die mir ersten Halt geben. Doch sie können auch vergehen oder verloren gehen – das ist ihre Gemeinsamkeit, an der ich sie am einfachsten festmachen kann. Zum Beispiel:

> Arbeit, Job, Einkommen
> Gesundheit, Leistungsfähigkeit
> Auto, Haus, Bankkonto, Vermögen
> Beziehungen zu Menschen: Partner, Kinder, Eltern
> Bildung, Wissen
> sportliche Leistung
> künstlerisches Schaffen
> Natur

Wichtig jedoch ist es zu erkennen, was bleibt. Wenn ich zum Beispiel in ein Konzert gehe und das Stück beendet ist, kann ich traurig werden, wenn der letzte Ton verklungen ist. Weil diese Situation nicht mehr wiederholbar ist, sie einzigartig war. Einzigartig vom Musikstück, von der Begleitung, vom Abend, vom Auditorium ...

Doch was behalte ich in meiner Erinnerung? Das Nicht-Wiederholbare oder das in der Tiefe Erlebte, die Emotionen, die das Stück, der Mensch an meiner Seite, der Abend, das Publikum in mir ausgelöst haben? Ähnlich ist es mit einem besonderen Moment, wenn die Sonne aufgeht, der Kirschbaum in voller Blüte steht oder wenn ich mit einem Partner etwas Besonderes erlebe. Denn grundsätzlich verdichten sich Beziehungen und lösen sich auch wieder auf. »Augenblick verweile doch, du bist so schön«, wie wir diesen Wunsch auch aus Goethes Faust kennen, ist eine Erwartung, die wir ans Leben haben, die sich jedoch nur selten erfüllt.

Das, was bleibt, ist nicht die Musik, der Partner, die Natur, das Haus. Was bleibt, ist das Erlebte!

Mein Erleben — die Kategorie der »Erlebnis-Werte«

> *»Um wirklich glücklich zu sein, brauchen*
> *wir nur etwas, woran wir uns freuen und wofür*
> *wir uns begeistern können.«*
> CHARLES KINGSLEY

Der Impuls des Berührt-Werdens steckt hinter den Werten des Erlebens. Berührt werde ich, wenn ich all das bewusst erlebe. Dieses Erleben schenkt mir praktisch ein unvergessliches Gefühl, auch wenn das Ereignis selbst, wie der Sonnenaufgang, die Kirschblüte oder das gehörte Musikstück, vorbei, verklungen, verblüht, vergangen ist. Das dabei Erlebte kann mir nie mehr genommen werden. Erst wenn ich es vergesse, sei es »bewusst« oder krankheitsbedingt, dann wäre es »verloren«. Das Erlebte gibt dem Tun wirkliche Qualität. Das wesentlichste Gefühl des Erlebens ist die *Freude*: die Freude an der Arbeit, an einem Menschen, an der Natur, an der Kunst, an Wissen und vieles mehr. Freude darf sich ergänzen durch das *Genießen* all der Basis-Werte unseres Daseins und auch der *Lust,* mit ihnen umgehen zu dürfen und zu können.

Zusätzlich lösen mehr oder weniger bewusst erlebte Tun-Werte Gefühle wie Ruhe, Gelassenheit, Geborgenheit oder Glück aus.

Ich verspüre oftmals auch einen Hauch von Liebe, von Wertschätzung, von Respekt und Achtung, kann mich aber auch – wenn ich beispielsweise mit Freunden herumalbere – ausgelassen und frei fühlen.

Wir betrachten hier ganz bewusst die positiven Aspekte unseres Tuns: So gräbt es sich tief in meine Erinnerung ein, in mein Herz und meinen Kopf. Etwa der Sonnenaufgang, den ich

Ostern 1987 erlebte. Nach der Feier der Osternacht in der Basilika in Seckau bin ich mit zwei Freunden zur Wallfahrtskirche Maria Schnee, die hoch über dem Ort liegt, aufgestiegen, um den Sonnenaufgang zu erleben. Dieser unbeschreibliche Moment, wenn die Nacht geht und das erste Licht des Tages anbricht, hat eine unglaubliche Kraft, die durch das Aufgehen der Sonne gekrönt wird. Wunderschön!

Solch kleine, unvergängliche Kostbarkeiten kennt jeder Mensch, die er auch Jahre später noch mühelos abrufen kann. Vor dem Erleben steht natürlich oftmals ein Tun (zur Wallfahrtskirche aufzusteigen), das zu einem bewussten Erleben (die belebende Kraft des Sonnenaufgangs) führt. Und: Aus dem Erleben wächst dann eine Haltung: zum Beispiel Dankbarkeit, Lebensfreude oder tiefe Verbundenheit.

Erleben kann ich:
> Freude am Tun, am Schaffen, am Schöpferischen
> Freude an der Natur, an Kunst und vielem mehr
> Freude an oder über jemanden/etwas, die »Du-Beziehung«
> Vertrauen, Verzeihen, Zuwendung
> Verliebtheit in jemanden oder etwas
> Liebe, auch Freundschaft und Eros, das Gefühl der Ergänzung und Leidenschaft
> Geborgenheit, Begeisterung, Im-Einklang-Sein, Zusammen-Sein
> Entspannung, Ruhe, Stille
> Freiheit
> Spiritualität
> die Fähigkeiten des Geistes

Freilich, wie der Verlust und die Vergänglichkeit die scheinbare und reale Bedrohung unseres Tuns und Schaffens sind, so hat auch die Freude des Erlebens ihren »Gegenpol«: das Gefühl der Angst! Angst, wie ich gleich nochmals ausführen werde, ist grundsätzlich etwas sehr Positives, eine Warnfunktion, sehr klug von unserer Biologie eingerichtet. Doch wenn Angst sich verselbstständigt, wenn sie zur miesmachenden Begleiterin wird oder wenn sie sich gar zur Verlust- oder Erwartungsangst erhebt, kann sie mein Erleben stark beeinträchtigen.

Meine Haltung — Frankls »Einstellungs-Werte«

> *»Ich übersetze ›spirituell‹ mit ›lebendig‹,*
> *denn ›spiritus‹, der Heilige Geist, ist der Lebensatem,*
> *die Wurzel alles Lebendigen. Und wenn man*
> *dankbar ist, führt einen das in die Begegnung*
> *mit dem Lebendigen. Dankbarkeit ist das Bewusstsein,*
> *dass das ganze Leben Geschenk ist.«*
> DAVID STEINDL-RAST

Welche Haltung ich einnehme, hängt von meinen sogenannten Einstellungs-Werten ab. Sie zeigen, was mir wirklich wichtig ist, welchen Grundton oder welche Grundstimmung mein Leben hat.

Der Begriff Dankbarkeit kann so ein Wert sein: Wenn ich Gutes im Tun geschaffen und Freude daran erleben durfte, kann die Kraft der Dankbarkeit in mir wachsen. Diese Kraft wird dann mein weiteres Tun und Erleben weiterprägen und einen neuen, positiven Kreislauf anstoßen.

Wer beispielsweise erlebt hat, was ein wichtiger Mensch an seiner Seite bedeutet oder welches Glück ein Sonnenaufgang darstellen kann, für den wird das Leben eine andere Qualität bekommen. Einstellungswerte gilt es immer wieder zu erfahren, bis sie zu meiner Haltung werden: Dies gilt besonders für Haltungen, die mir gar nicht so leicht fallen, wie etwa Verantwortung, Versöhnung oder Verzicht. Habe ich diesen Vorzug nicht erlebt, kann Verzicht schwer zu einer positiven Haltung bei mir werden, stattdessen werde ich sagen: »Ich möchte mehr, immer mehr haben.«

Haltungen sind daher Werte wie:
> Dankbarkeit
> Kardinaltugenden, zum Beispiel Verzicht, Tapferkeit, Gerechtigkeit, Achtung, Klugheit, Maßhalten, Güte
> Urvertrauen
> Liebe in ihrer höchsten Form als bedingungslose Hingabe
> Spiritualität, Hoffnung, Aufmerksamkeit, Achtsamkeit
> Mut, Empörung, Konsequenz, Disziplin
> Gelassenheit, Verzeihen, Versöhnung
> die Fähigkeit zur Selbsttranszendenz und Selbstdistanz – Humor
> Leidensfähigkeit
> der Umgang mit Schuld/Leid/Tod (mit der sogenannten »Tragischen Trias«)
> das Bewusst-Sein des »Frei-Seins«
> das Bewusst-Werden der Fähigkeiten des Geistes, der geistigen Person

Die richtige Balance finden — der Angst vorbeugen

»Die Welt ist nicht da, um dich glücklich zu machen,
sondern um dich bewusst zu machen.«

ECKHART TOLLE

Jede Wertegruppe für sich ist wichtig und sollte in einem ausgewogenen Verhältnis in unserem Leben vorkommen. Oftmals jedoch werden manche Wertegruppen überproportional gelebt. Heute ist in unserer Gesellschaft das Tun stark (über-) betont: Wir wollen beruflich vorwärtskommen und unser Leben absichern und vernachlässigen bei diesem Wettlauf – für eine tolle Karriere, teure Kleidung, ein starkes Auto, Vermögen und so weiter – häufig das Erleben. Weil unser Fokus so sehr auf den (scheinbar) so wichtigen Schaffenswerten liegt und wir die scheinbaren Nice-to-have-Erlebniswerte als nachrangig ansehen.

Wir haben verlernt, im Kleinen achtsam zu sein und zu erleben, und so brauchen wir immer mehr und Größeres, um uns selbst noch irgendwie zu spüren, zu erleben.

Es kann auch sein, dass wir zum Beispiel Dinge nur abhaken. Wenn sie zum Mittagessen gehen, sagen viele zu ihren Kollegen beim Verlassen des Büros: »Ich gehe schnell was essen.« Sie wollen damit andeuten, ich bin nur kurz weg, eine lästige Notwendigkeit befriedigen. Statt das Ganze als belebende Pause zu sehen, bei der sie schon auf dem Weg ins Lokal so viel Neues entdecken können. Sie haken das Lunchvergnügen als lästiges Tun ab, das sie auch noch davon abhält, zu arbeiten, statt es als positives Erleben zu genießen.

Das geschieht mit vielen Kleinigkeiten, die bewusst erlebt werden könnten, aber aus Gedankenlosigkeit einfach abgehakt werden. Wodurch das Leben nicht bunter, im Gegenteil, leer und leerer wird, wenn wir zu viele davon anhäufen.

Besteht unser Leben zu einem wesentlichen Teil aus Tun und Schaffen und nur zu einem geringen Teil aus Erleben, leidet darunter die Lebensqualität massiv.

Allerdings gibt es auch Menschen, die durch ein paar tiefe Erlebnisse, die sich positiv in ihre Erinnerung und in ihr Herz eingegraben haben, sehr lange Durststrecken ertragen können. Frankl sprach in diesem Zusammenhang von kreativer Ablenkung, einer Art gedanklicher Exkursion, wobei der Einzelne in katastrophalen oder stressigen Situationen bewusst eine gute, erfüllte, wert-volle Erinnerung abruft.

Einer meiner Ratschläge zu einem gelingenden Leben auch in schwierigen Situationen ist es, sich – vielleicht schon vorher, in guten Zeiten – ein kraftvolles inneres Bild der Ruhe und Kraft abrufbar zu machen, das bildhaft für einen meiner wesentlichen Werte steht. Wir können dann immer wieder an diesen inneren Ort zurückkehren, um aufzutanken, abzuspannen und ermutigt zu werden. Ein Klassiker wäre hier zum Beispiel der Lebensbaum in der guten inneren Landschaft. Dazu komme ich später im Zusammenhang mit den inneren Bildern.

Welcher Wert idealerweise gelebt werden sollte, hängt vom Moment ab. In dem einen Moment ist der eine Wert wichtig, im anderen der andere. Dazu eine der ältesten Geschichten aus dem Zen-Buddhismus zur Haltung der »Gelassenheit«: Erkennen Sie hier vielleicht einen Spiegel Ihres Lebens?

Ein Mann wurde einmal gefragt, warum er trotz seiner vielen Beschäftigungen immer so glücklich sein könne.

Er antwortete:
»Wenn ich stehe, dann stehe ich,
wenn ich gehe, dann gehe ich,
wenn ich sitze, dann sitze ich,
wenn ich esse, dann esse ich,
wenn ich liebe, dann liebe ich ...«

Da fielen ihm die Fragesteller ins Wort und sagten:
»Das tun wir auch, aber was machst du darüber hinaus?«

Er sagte wiederum:
»Wenn ich stehe, dann stehe ich,
wenn ich gehe, dann gehe ich,
wenn ich ... «

Wieder sagten die Leute:
»Aber das tun wir doch auch!«

Er aber sagte zu ihnen:
»Nein – wenn ihr sitzt, dann steht ihr schon, wenn ihr steht, dann lauft ihr schon, wenn ihr lauft, dann seid ihr schon am Ziel.«

Meine Haltung bestimmt, wie in der Musik ein basso conti-nuo, den Grundton in meinem Leben. Ist zum Beispiel Gelas-senheit meine Grundhaltung, wird Materielles wie Besitz für mich nie übermäßig wichtig werden. Diese Haltung baut somit auch vor, dass wir nicht durchs Leben jagen und stark – wie viele leistungsorientierte Menschen das tun – in der Zukunft leben, Chancen des Moments übersehen, aber auch mögliche Fallstricke, die sich vor einem auftun. Und jede nicht so wert-orientierte, erfüllende Haltung ist zu ändern, wenn sie mir bewusst wird und ich die Notwendigkeit erkenne, etwas zu verändern. Natürlich nicht zu hundert Prozent, aber es ist manchmal schon sehr erstaunlich, zu welchen Kurskorrekturen manche Menschen fähig sind.

Ein ausgewogenes Verhältnis zwischen den Wertegruppen hilft uns auch, einem *Sinnverlust*, einem sogenannten *existenziellen Vakuum*, einer *Werte-Leere* vorzubeugen. Haltungen geben uns Stärke und können uns, wenn man sie lebt, Lebensfreude schenken. Das Tun und Schaffen – das sollte man bei aller vermeintlichen Sicherheit, die wir durch sie anstreben, nicht vergessen – können einem auch Lebensfreude schenken, aber sie sind flüchtig: Sie sind die Grundlage für unsere Lebensfreude, doch sie können verloren gehen. Wir können unseren Job verlieren, unser Vermögen, Aktienwerte, einen lieben Menschen … Und rechnen wir nicht damit, weil wir das nicht auf dem Zettel haben, kann uns ihr Verlust ganz schön umwerfen, verzweifeln und ratlos werden lassen.

Im Normalfall steht der Vergänglichkeit tiefes, positives Erleben gegenüber, weil wir uns über das Geschaffene freuen können und diese Freude der Schatz ist, der uns nicht mehr genommen werden kann. Ist dieser Zusammenklang allerdings gestört, kann es sein, dass sich der innere »Gegenspieler«, nämlich ein Gefühl von Angst, einstellt. Angst als gefühlter Ausdruck der Wahrheit, dass so vieles in unserem Leben vergänglich ist.

Angst, wie schon oben angedeutet, ist per se nicht negativ, weil sie eine Warnfunktion darstellt und uns sagt: »Achtung, aufgepasst!« Doch wenn ein Angstkreislauf entsteht, also eine Angst vor der Angst, dann wird es kritisch: Dieses Gefühl frisst sich wie eine Entzündung in uns hinein und trübt sämtliche positiven Erlebnisse, verstimmt alle Instrumente und verstört die Musiker unseres inneren Orchesters. Schaltet sich noch der Zweifel zu (der als Fähigkeit des Menschen ja grundsätzlich etwas Positives hat, nämlich Dinge zu hinterfragen), lässt dies Haltungswerte wie Liebe, Urvertrauen oder Respekt in den Hintergrund treten. Es entsteht eine Sinn- oder Werte-Leere: Haltung und Erleben verlieren an Bedeutung, und Frankl diagnostizierte in einem solchen Fall zwei Symptome oder Erscheinungen des Zeitgeistes, die wir erstaunlicherweise seit vielen Jahrzehnten in immer wieder neuen Nuancen beobachten können:

Gleichgültigkeit, also einen »Mangel an Interesse« – das Gefühl, es ist ja alles »egal«. Wenn mir nichts mehr wirklich wichtig ist, wenn kein Wert in mein Bewusstsein tritt, der es mir wert erscheinen lässt, mich aufzuraffen, dann ist alles gleich-gültig. Für einen Moment der Triebbefriedigung ist dies ja erstrebenswert – im positiven Verständnis wäre dies die Homöostase, der Ausgleich nach der Trieberfüllung, von der Sigmund Freud spricht –, doch als Lebensgrundhaltung führt sie zu einem Zustand der Spannungslosigkeit, der Traurigkeit, der Depression.

Langeweile, ein »Mangel an Initiative«: Sind mir mein Job, mein Leben oder sonst etwas nicht mehr wichtig, stelle ich mir irgendwann die Frage: Warum soll ich überhaupt noch aufstehen? Dieser Zustand ist die natürliche Folge der Gleichgültigkeit.

Gleichgültigkeit und Langeweile zusammen können eine unglaublich negative Dynamik entwickeln: Der passive Typ kann depressiv werden, der aktive Typ aggressiv, oder diese Grundstimmung kann eine Flucht in eine Sucht auslösen, nur um das unangenehme Gefühl der Spannungslosigkeit, der Leere, loszuwerden: Alkohol, Tabletten, Aufputschmittel, Workaholismus nehmen dann oftmals den Platz von sinnerfüllenden Werten ein.

Manchmal mündet das Ganze auch in ein Burnout oder vielleicht gar in eine Autoimmunerkrankung. Bis der Körper allerdings aussteigt, das kann lange dauern. Viele Menschen spüren, dass sie abbauen, schauen aber weiter weg, bis es irgendwann nicht mehr geht und sie an den *point of no return* gelangen, an dem ihr Körper radikal die Notbremse zieht und ihnen das »Stopp« zeigt oder sie gar »schachmatt« setzt.

Dieser negativen Abwärtsspirale gilt es, immer wieder entgegenzutreten. Bei uns selbst und bei Menschen, die uns anvertraut sind und die wir lieben.

Wenn wir unsere Werte erkennen und sie pflegen, sie hinterfragen, neue erforschen, Unbekanntes versuchen, dann lässt sich die Spirale umpolen: Es wird eine Dynamik in die Höhe entstehen, Haltungen wie Lebensfreude, Dankbarkeit, Leichtigkeit und Gelassenheit können das Steuer übernehmen.

Frankl meinte es zwar ein wenig anders, wenn er in der Logotherapie bewusst von »Höhenpsychologie« sprach und damit andeutete, dass es die Werte und der Sinn sind, die den Menschen hoch, groß, stark, lebendig werden lassen. Und dennoch passt seine Einschätzung dafür wunderbar.

Vorschläge für ein Werte-Ranking

Wenn Sie eine Sammlung an kleinen und großen Dingen zusammengestellt haben, welche Sie ausmachen, was Sie gern erleben und auch tun, dann versuchen Sie doch mal ein Ranking:

Vielleicht schreiben Sie Ihre fünf oder sieben wichtigsten Werte auf kleine Zettel und versuchen, diese zu ordnen.

Fragen Sie von unten nach oben: Unterstützt dieser Wert den oberen? Und bleiben Sie sehr ehrlich dabei!

»Glücklich« muss nicht unbedingt »eigenes Haus« unterstützen. Umgekehrt aber sehr wohl. Ein eigenes Haus kann ihr Glücklich-Sein fördern.

Ähnlich verhält es sich zum Beispiel mit »Dankbarkeit« und »Partnerschaft«. Eine Partnerin lässt mich besonders dankbar werden, aber nur aus der Haltung Dankbarkeit muss noch keine gute Partnerschaft entstehen.

Und dann werden Sie merken, dass manchmal ganz kleine Werte die großen stützen und tragen.

Also beachten Sie: Zuoberst in Ihrem Werte-Ranking sollten sich eher Haltungen (Einstellungen) finden, welche von Erleben und Tun (Schaffenswerten) getragen werden. Wenn Schaffenswerte die höchsten Plätze einnehmen, besteht die Gefahr, dass Ihre Haltung dabei Schaden nimmt.

Wer bin ich? Was macht mich aus?
Die Werte-Analyse

»Nicht weil es schwer ist, wagen wir's nicht, sondern
weil wir's nicht wagen, ist es schwer.«
LUCIUS ANNAEUS SENECA

Um zu ermitteln, welche Werte Sie ausmachen und welche Ihre ureigene Basis bilden, gibt es verschiedene Möglichkeiten. Beginnen möchte ich mit dem von mir so genannten »Werte-Feld«. Dann gibt es die etwas komplexere, die wir »Lebens-Säulen« nennen, und dann, eine Grundlage, die alle anderen ergänzen kann, der »Werte-Fragen«-Katalog. Welche, die für Sie geeignete ist, ist individuell verschieden. Wählen Sie deswegen selbst aus, welche Ihnen am besten zusagt.

Mein »Werte-Feld«

»Als ich begann wahrzunehmen, mit wie viel ich
gesegnet bin, hat sich mein ganzes Leben verändert.«
WILLIE NELSON

Bei der Methode »Werte-Feld« geht es darum, zuerst einmal zu sammeln. All das zu sammeln, wovon ich gerade glaube, was mir wichtig ist, was ich gern tue. Zuerst einmal ohne irgendeine Ordnung, Sie sollten nur sammeln.

Dabei können Sie sich folgende Fragen stellen:
> Was macht mich aus?
> Was tue ich gern?

> Was erlebe ich gern?
> Was ist mir wichtig?
> Was sind meine Träume und Wünsche?

Notieren Sie bitte nur positive Aspekte, und denken Sie nicht an Ihre Zukunft, sondern nur an das Heute. Es geht um Ihre gegenwärtigen Vorlieben, Träume, Wünsche, Sehnsüchte.

Und so sollten Sie vorgehen: Nehmen Sie ein großes Blatt, vielleicht sogar ein Plakat, und beginnen Sie mit einer »Collage«. Hängen oder legen Sie das Blatt an einen Ort, wo Sie immer wieder vorbeilaufen, und ergänzen Sie immer, wenn Ihnen etwas einfällt. Gute Ideen aus der Tiefe kommen erst, wenn die »oberflächlichen« Ideen – die nicht minder wertvoll sind! – ihren Platz bekommen haben.

Dieser Prozess muss nicht »öffentlich« sein, aber es kann hilfreich sein, wenn Sie auch Ihren Partner, Ihre Familie, Ihre Freunde, Ihre Kollegen fragen, was die meinen, was Ihnen wichtig wäre und Sie ausmachen würde. Das bereichert Ihre Sammlung. Und ich verspreche Ihnen, Sie werden staunen, was sich da so alles ansammelt.

Vielleicht finden Sie einen Moment Ruhe, in dem Sie darüber meditieren können, was denn diese Sammlung in Ihnen auslöst. Dankbarkeit? Traurigkeit? Aufbruchstimmung? Erlauben Sie sich, da hinzufühlen.

Und nach ein paar Tagen der Notierungen werden Sie bemerken, wie viel sich angesammelt hat – wie reich Ihr Leben tatsächlich ist!

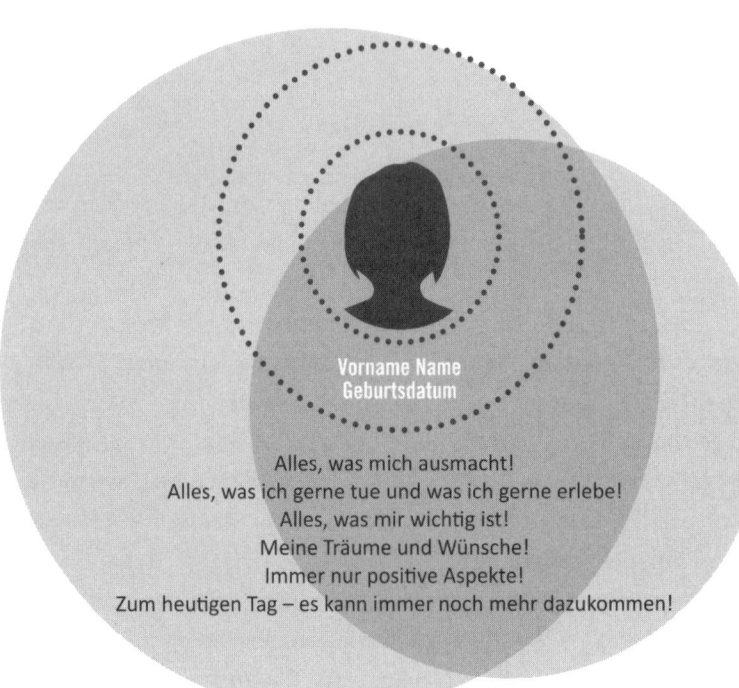

Vorname Name
Geburtsdatum

Alles, was mich ausmacht!
Alles, was ich gerne tue und was ich gerne erlebe!
Alles, was mir wichtig ist!
Meine Träume und Wünsche!
Immer nur positive Aspekte!
Zum heutigen Tag – es kann immer noch mehr dazukommen!

WER BIN ICH? MEINE AUSSTRAHLUNG! MEINE WERTE!

Und dann hätte ich noch eine Anregung: Wählen Sie ganz willkürlich drei Begriffe aus dieser Sammlung aus. Ohne langes Überlegen. Und versuchen Sie, ob Sie diese drei Begriffe heute im Lauf des Tages intensivieren, vertiefen, neu beleben können. Ganz ohne Druck, einfach bewusst etwas tun oder erleben, das Sie vielleicht in letzter Zeit nicht so intensiv beachtet haben.

Vielleicht ist es auch mal gut, nach einem Spaziergang in der Natur oder einem Konzert oder einem Musemsbesuch oder der Spielestunde mit den Kindern sich zu diesem Werte-Feldbild zu setzen und zu überlegen, was Sie noch ergänzen könnten.

All das möchte nichts anderes bewirken, als meine Aufmerksamkeit für mich und das, was mir wichtig ist, zu wecken, um etwas aufmerksamer und achtsamer mir und meiner wert-vollen Welt zu begegnen.

Die »Lebens-Säulen« — mein eigener Lebens-Tempel

> *»Es ist sinnlos zu sagen: Wir tun unser Bestes.*
> *Es muss dir gelingen, das zu tun, was erforderlich ist.«*
> Winston Churchill

Bevor Sie weiterlesen, fragen Sie sich bitte mal kurz: Weiß ich, was »Lebens-Stil« bedeutet? Und: Was wäre denn mein Lebens-Stil?

Das Wort »Stil« wird in manchen etymologischen Wörterbüchern hergeleitet vom altgriechischen Wort stylos (στυλος) und bedeutet Säule. Also können wir sagen: Lebens-Stil bedeutet, auf welchen Säulen ich mein Leben aufbaue. Und da gibt es keine Vorgaben, jeder hat ganz verschiedene Säulen, aus denen er seinen ganz persönlichen Lebens-Tempel zusammenstellt. Manche aus Stein, manche aus Holz, aus Metall, aus Menschen, aus Aufgaben, aus Erlebnissen …

Wichtig dabei ist, dass unser Lebens-Säulen-Tempel, ganz gleich, welchem Kunststil er folgt, möglichst stabil ist. Das heißt: Viele Säulen, seien sie auch noch so dünn, sind sicherer als wenige oder gar nur eine große Säule. Denn, wer weiß, wie tragfähig eine einzelne Säule wirklich ist. Vielleicht ist gerade dort das Fundament ein wenig müde, oder ein Beben oder ein starker Wind könnte sie wanken und umstürzen lassen.

Nun meine ganz konkrete Anleitung zu einem Selbsttest:
Wie sieht Ihr Lebens-Tempel aus?

Nehmen Sie sich dazu ein Blatt Papier, und zeichnen Sie Ihren ganz persönlichen Lebens-Tempel – so etwas können Sie auch für Ihre Familie, für Ihr Unternehmen – entwerfen.

Fragen Sie sich: Wie sieht das Fundament aus? Worauf ruht Ihr Leben? Ich möchte Sie gar nicht in die Falle der Analyse der Schwachstellen treiben: Schauen Sie ganz bewusst nur auf den guten Grund, das gute Fundament, auf dem Sie stehen. Sicher findet sich da ein guter Platz, auf dem Sie Ihren Tempel errichten können!

Welche Säulen stehen nun da? Vermutlich dicke und feste, aber wahrscheinlich auch die eine oder andere, die etwas dünn ausgefallen ist. Doch das macht nichts: *Alle* tragen Ihren Tempel! Bitte benennen Sie die einzelnen Säulen ganz genau. Ich empfehle keine pauschalen Säulen wie »Familie«, »Freunde«, »Hobbys«. Solche führen Sie nicht zu sich selbst. Ihre Familie hat einzelne Mitglieder, und jedes ist eine Säule, ebenso jeder Ihrer Freunde und jedes Hobby. Ihr geliebter Hund an Ihrer Seite wird vermutlich nicht dieselbe Bedeutung und Tragkraft haben wie Ihr Fahrradclub, und Ihr erwachsener Sohn eine andere Position in Ihrem Tempel als Ihre Partnerin oder Ihr Partner.

Auch bei dieser Sammlung sollten Sie sich unbedingt Zeit lassen. Gehen Sie immer wieder mal dran, und kontrollieren Sie, ob Sie schon alle Säulen bedacht haben.

Und dann zum Dach: Welchen Architrav, welchen Schmuck, welches Dach hält diese verschiedenen Säulen zusammen? Was möchte ich denn, dass sie tragen? Was ist mir wichtig, das sie zusammenhalten soll? Das Dach überragt alles: Was darf die Welt denn sehen?

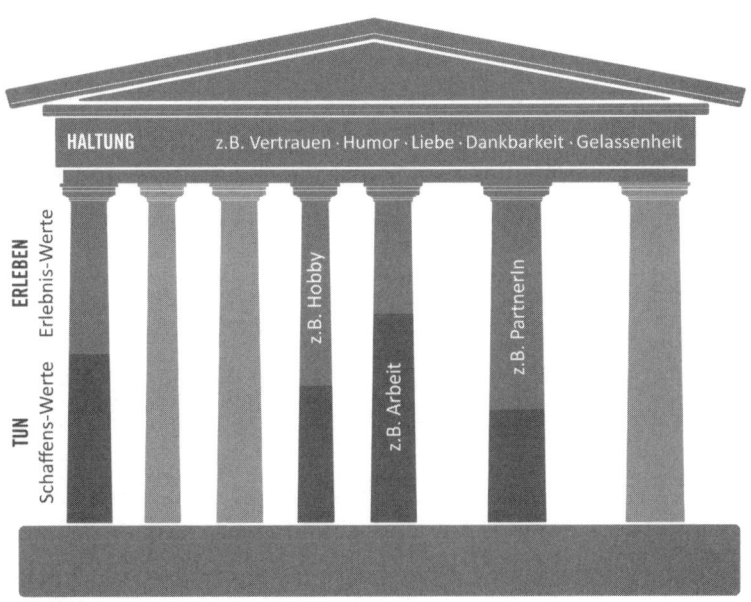

Wenn mir so das Bauwerks meines Lebens bewusst geworden ist, kann ich meinen Fokus auf die Details richten: Ich könnte mir jede einzelne Säule ansehen und mich fragen – ganz im Sinn unserer schon bekannten Werte-Kategorien –, was ich denn gerne tue und was ich dabei erlebe.

Mit meinem Hund gehe ich vielleicht gern spazieren, vielleicht sitzt er aber auch nur ganz kuschelig mit mir am Sofa. Das alles wäre TUN. Und dann kann ich mich fragen, was ich dabei erlebe: Vertrautheit, Zuwendung, Freude, Lebendigkeit … Beim Fahrradclub wird es anders sein und noch mal anders im Job oder mit meinem kleinen Enkel.

Manchmal brechen Säulen weg. Sie haben vielleicht das Krachen schon gehört und nicht rechtzeitig reagiert und zu spät saniert. Es kann aber auch sein, dass ganz plötzlich eine Stütze aus dem Gefüge kippt und dies Sie ganz unvorbereitet trifft. Das ist schlimm! Doch wenn die anderen Säulen stabil sind, wird mich ein Verlust weniger treffen.

Und ich kann mir überlegen, was durch diese Säule getragen und genährt wurde. Ich habe eine Bergwanderung gemacht, mich angestrengt und erschöpft, aber glücklich den Gipfel erreicht (TUN). Das *Erleben* der Wanderung gab mir ein tiefes Gefühl der Dankbarkeit und Freiheit. Wenn ich allerdings nach einer Verletzung oder im Alter in meiner Bewegung eingeschränkt bin und nicht mehr auf den Berg kann, kann ich meine Dankbarkeit aus der Erinnerung abrufen. Ich kann mir vielleicht auch die Wiesenblumen, die Vögel, das Grillenzirpen in Gedanken vorstellen, und daraus wird dann eine *Haltung* der Gelassenheit und Zufriedenheit.

Es ist wirklich spannend, dieses Modell der Lebens-Säulen mit einem vertrauten Menschen zu besprechen und für sich vor seinem inneren Auge entstehen zu lassen, dankbar darüber, in welch einem tollen Tempel man lebt.

Der »Werte-Fragen«-Katalog

> *»Vergeuden Sie nicht Ihre Zeit damit, dass Sie das Leben eines anderen leben. Lassen Sie sich nicht von Dogmen einengen. Dogmen sind das Ergebnis des Denkens anderer Menschen. Lassen Sie nicht zu, dass der Lärm fremder Meinungen Ihre eigene innere Stimme übertönt. Und vor allem haben Sie Mut, Ihrem Herzen und Ihrer Intuition zu folgen.«*
> STEVE JOBS

Kennen Sie auch die in Ihrem Kopf immer wieder bohrenden Fragen: Warum? Warum? Warum? Warum, hast du's nicht geschafft? Warum, bist du nicht …? Diese Warum-Fragen können einen von innen und von außen total ab-werten. Aus der buddhistischen Tradition stammt der Ausdruck »mon-key-mind«. Denn diese ständig lauten Stimmen – die wie in einer Affenkolonie aufgebracht lärmen – sorgen dafür, dass ich mich klein fühle, unruhig und rastlos bin. Jens Corssen, ein deutscher Kollege, nennt diese Stimme auch manchmal den »Quatschi« – diesen inneren Begleiter, der mich nicht zur Ruhe kommen lässt und permanent auf mich einquatscht.

Doch es geht auch anders: Es gibt auch die auf-wertenden Fragen, die inneren Mut-Macher, die Stimmungs-Heber. Schon der altgriechische Philosoph Sokrates (469–399 v. Chr.) hat versucht, nur durch Fragen seinen Schülern oder Gesprächs-partnern neue Perspektiven zu eröffnen und Erkenntnisse zu ermöglichen. Wir nennen dies bis heute den *sokratischen Dia-log*, und Sokrates selbst nennt dies *Mäeutik*, was ins Deutsche übersetzt so viel wie Hebammenkunst bedeutet. Er sagt, er habe seine Fragetechnik von seiner Mutter erlernt, die Hebam-me war. Auch sie habe bei der Geburt nichts zur Vollkommen-heit des Geborenen und seiner Mutter beigetragen, sie habe vielmehr nur einen Prozess begleitet, der etwas noch Verborge-nes, aber doch schon Vollständiges in diese Welt gebracht hat. Meist unter Schmerzen habe das »Ergebnis« doch für viel Glück und Zufriedenheit gesorgt. So stellt auch er Fragen, die oft schmerzen können, aber die schon im Gegenüber liegende Antwort ans Licht bringen hilft.

Das passiert auch in manchen meiner Sitzungen, etwa wenn ich einem Klienten die Frage stelle: Wer bist du? Was macht dich aus? Was ist dir wichtig? Das ist für diesen oft verstörend, schmerzvoll oder gar erschütternd. Doch es zahlt sich aus, hier hartnäckig zu bleiben. Allzu leicht kneifen wir aus Bequemlichkeit. Und genau an der Stelle würde Sokrates nachhaken mit: Hilf mir, dich zu verstehen. Was lässt dich dies oder jenes tun oder nicht tun? Was treibt dich an? Welches ist deine Sehnsucht?

Manchmal eröffnet allein meine kleine Anmerkung »Interessant ...« den Raum, in dem Bewegung und eine neue Sicht auf die Dinge entstehen können. So kann die Dynamik, die Sprengkraft des Geistes ansetzen, um reinigend und beflügelnd zu wirken.

Bevor ich zum Werte-Fragen-Katalog komme, gibt es einige einfache Fragen, die sich jeder stellen sollte (wenn man nicht die Zeit hat, sich dem ganzen Katalog zu stellen oder das Thema nur kurz anstoßen möchte):

Wer bin ich?

Was kann ich?

Welche Fragen stellt das Leben an mich?

Was will ich?

Was will ich tun?

Was will ich erleben?

Welches Feuer brennt in mir?

Welche Sehnsucht treibt mich an?

Was tut mir gut?

Was wünsche ich mir?

Was ist anderen wichtig an mir?

Was wäre, wenn ...?

Wenn Sie in diese Fragen einsteigen wollen, nehmen Sie sich dafür wirklich Zeit. Gehen Sie mit jeder einzelnen Frage schwanger – und Sie wissen, eine Schwangerschaft dauert –, und beobachten Sie, was da wächst. Welche Antwort Ihr unbewusster Geist hervorbringt ...

Und prüfen Sie auch, wo Ihr gut trainierter »Quatschi« dagegenhält. Vergessen Sie nie, dass Sie auf der Suche nach positiven Aspekten, nach Wert-Vollem, nach Auf-Bauendem sind! Das andere kommt dann von selbst.

Wenn sich Antworten einzustellen beginnen, schreiben Sie diese auf. Sie können sie aber auch malen, tanzen oder gestisch zum Ausdruck bringen. Wie es Ihnen beliebt, alles ist erlaubt.

Diese Werte-Fragen sind übrigens erste Basisfragen auf dem Weg zum Sinn und zur Fragen aller Fragen, zur Frage nach der *Sehnsucht*, nach dem *Wofür*. Sie weisen mir den Weg, wohin ich mich bewegen soll, um ein stückweit heiler, ganzer zu werden.

Oftmals – das stellen viele meiner Klienten fest – muss jeder immer wieder zur Frage »Wer bin ich?« zurückkehren, weil er sich noch nicht oder nicht ganz kennt. Und wenn wir ganz ehrlich zu uns selbst sind: Wann stellen wir uns dieser Frage, und sind wir jemals bei einer endgültigen Antwort angekommen?

Oft ist es erst eine Lebenskrise, ein Schicksalsschlag oder ein unvorhergesehenes Ereignis, das uns wachrüttelt und uns beginnen lässt, unser Selbst zu entdecken, den Bereich des inneren Lebens, unser grundlegendes Wertgefühl als einmalige Person in dieser Welt zu sehen.

Viele Menschen entdecken dies nicht selten über eine Erinnerung an ihre Kindheit. Denn oft überspielt das Ich, das den Menschen nach außen hin repräsentiert, das Selbst oder unterdrückt es sogar, sodass es sich nicht entfalten kann.

Die Frage »Wer bin ich?« hilft, Fragen nach den Werten zu klären. Viele meiner Klienten fühlen sich manchmal bereits von der ersten Frage überfordert, und weichen ihr aus. Ihre Verunsicherung ist verständlich.

Doch im therapeutischen Kontakt will ich Verunsicherung, weil sonst keine Bewegung ins Denken und Handeln kommt, denn wir können nicht Neues wollen, wenn wir am Alten festhalten. Meist erleichtere ich die Frage »Wer bin ich?«, wenn ich frage »Was macht mich aus?«, »Was ist mir wichtig?«, weil sie die Hürde, über sich selbst nachzudenken und neue Ideen zu sammeln, niedriger macht. Das hat noch bei fast jedem meiner Klienten geholfen und vielen den Einstieg in ihre Weiterentwicklung ermöglicht.

KAPITEL 4:

Sehnsucht — sie weist die Richtung, in der wir Sinn und Ganzheit finden

*»Es interessiert mich nicht, womit du
dein Geld verdienst. Ich will wissen,
wonach du dich sehnst und ob du
die Erfüllung deines Herzenswunsches
zu träumen wagst.«*
ORIAH MOUNTAIN DREAMER

Sehnsucht beinhaltet einen starken Wunsch und ein nicht enden wollendes Streben, und genau das ist der »Treiber« bei der Frage nach dem Sinn. Diese kreative Kraft will, dass wir, dass jeder Einzelne von uns sich findet.

Unsere Sehnsüchte sind Urkräfte. Sie zeigen, was es braucht, damit wir die Leere abstreifen und ganz oder wenigstens heil werden können. Jede einzelne Sehnsucht bahnt uns den Weg, und der Geist treibt diese Sehnsucht und steuert die Bilder, Gefühle und vieles mehr bei. Dabei unterscheidet sich Sehnsucht für mich ganz wesentlich von Bedürfnissen.

Bedürfnisse sind all das, was etwa der amerikanische Psychologe Abraham Maslow (1909–1970) im unteren Teil seiner

Bedürfnispyramide auflistet, der Wunsch nach Essen, Trinken, Sex, Sicherheit, Schmerzfreiheit etc.

Sehnsüchte sind stärker. Solange jedoch ein Bedürfnis unsere Aufmerksamkeit braucht, etwa Sicherheit, hört man die Stimme der Sehnsucht kaum. Ist dieses Bedürfnis jedoch gestillt oder hat man erkannt, dass es doch nicht so wichtig ist, verändert sich etwas. Wenn man einen Partner hat, der einem materielle Sicherheit gibt, passiert es oft, dass man zum Beispiel nach fünfzehn Jahren Partnerschaft die Beziehung infrage stellt, um der wirklichen Sehnsucht nachzuspüren, deren Ruf einfach laut und lauter wird.

Bei den Fragen nach dem Sein und dem Sinn geht es darum, »ganz« zu werden und Freiheit und Verantwortung zu erlangen. Es geht darum, dass die Freude am Leben größer wird, etwa so, wie es im Johannes-Evangelium heißt: »Ich bin gekommen, dass die Freude in euch sei und die Freude vollkommen werde.« Und am Ende des Prologs der Ordensregel des heiligen Benedikt steht: »… wenn man Fortschritte macht, weitet sich das Herz, und man läuft den Weg des Lebens im unsagbaren Glück der Liebe.«

Daher ist mein Programm, wenn ich den Sinn des Lebens suche: zu hören, das Herz zu weiten und den Weg in Freude und in Liebe zu gehen. Das erlebe ich jeden Tag mit meiner Tochter. Durch unglückliche Umstände vor der Geburt ist sie eingeschränkt, sie ist »behindert«. Sie kann sich nur wenig bewegen, kann nicht sprechen, und ihre Wahrnehmung ist sehr auf das Hören reduziert. Trotzdem, oder gerade deshalb, hat sie ein sehr offenes Herz und strahlt sehr viel Liebe aus.

Die Begegnung mit ihr »funktioniert« hauptsächlich über Ein-Fühlen und Hin-Hören, das jeden Tag ganz anders sein kann, als wir es normalerweise mit Kindern gewohnt sind. Sie kann nicht sagen: »Komm doch mal her!«, sondern sie bringt das sehr fein, indem sie gar nichts macht, auch manchmal laut und deutlich, zum Beispiel mit Weinen, zum Ausdruck. Wir kommunizieren nicht auf der Ebene des Sprechens: Natürlich freut sie sich, wenn ich ihr etwas vorlese, aber wir können uns auch zwei Stunden ohne Worte nur von Herz zu Herz, von Geist zu Geist unterhalten.

Den Weg unseres Lebens in Freude und in Liebe zu gehen, das gelingt, wenn wir achtsam sind. Achtsam gegenüber den kleinen Regungen, Angeboten, Begegnungen – in uns und um uns herum. Weiter oben habe ich schon Frankl zitiert, wenn er sagt: »Nicht wir fragen das Leben, sondern das Leben fragt uns.« Es sind nicht nur die Fragen im engeren Sinn, es sind oft ebenso die Angebote, die uns begegnen, in denen wir den Sinn der Situation, das Notwendige des Augenblicks erkennen und erleben können.

Es sind die sogenannten Zu-Fälle, die kleinen Momente, die unerwarteten Berührungen, die sich treffenden Blicke, die den Augenblick besonders machen und uns die Tiefe und Größe von *Leben in Beziehung* erahnen lassen. Wie sagt Frankl an anderer Stelle so berührend: »Der Zufall ist der Ort, an dem das Wunder nistet.« Es gilt, diesen Ort zu ent-decken und das Wunder, ganz behutsam, wachsen zu lassen.

Unsere Sehnsüchte sind übrigens keine Großartigkeiten und auch nicht viele an der Zahl, das kann ich Ihnen aus meiner langjährigen Tätigkeit als Sinn-Coach sagen. Es sind oftmals ähnliche Dinge, nach denen sich viele von uns sehnen, etwa nach Ruhe, Geborgenheit, Stille, Frieden, Harmonie, Ange-nommen-Sein, In-Beziehung-Sein. Ja, einfach: Liebe!

Was also ist Ihre Sehnsucht?

»Healing is the return of the memory
of wholeness.« (»Heilung ist die Rückkehr
der Erinnerung des Ganz-Seins.«)
D̲eepak C̲hopra

Oft haben Menschen, die sehr viel haben und sehr aktiv sind, den Wunsch und die Sehnsucht nach denselben elementaren Dingen: endlich Ruhe in mir, Nähe zu mir, mein Ich wiederfinden, nichts tun *müssen*, nichts tun dürfen, Harmonie, Geborgenheit. Sie wollen so sein, wie sie sind, angenommen werden, wie »ich bin«.

Um diese Sehnsucht zu ergründen, braucht es nicht viel: einen Ohrensessel, eine Kerze, die man anzündet, einen ruhigen Moment. Am besten schließen Sie einfach die Augen und stellen sich dann die Frage, oder noch besser: Fühlen Sie sich in diese Frage ein. Vielleicht stellen Sie sich vorher einen guten, sicheren Platz vor, den Sie kennen, bevor Sie sich fragen: Was ist meine Sehnsucht?

Dann machen Sie nichts weiter, als zu warten ... Warten, welche Bilder oder Worte da vor Ihrem geistigen Auge auftauchen. Wichtig dabei ist, aus dem Verstand, dem Denken herauszutreten und sich auf den inneren, aktiven Geist einzulassen.

Wenn die ersten Gedanken vorbeigezogen sind und der Körper sich darauf eingestellt hat, dass er gerade nichts tun muss, und wenn Sie befreit ausatmen und sich beim Einatmen mit neuer Kraft beschenken lassen, dann wird sich Ruhe ausbreiten. Innere, tiefe Ruhe.

Dies ist auch eine gute Einstimmung für jede Meditation

oder für die Imagination, wie ich Sie Ihnen später noch vorstellen werde.

Aus dieser Ruhe könnte als Bild für meine Sehnsucht, für den Urtrieb meines Lebens, eine Pflanze wachsen. Bei manchen taucht eine Blume auf oder ein Rosenstrauch oder ein gewaltiger starker Baum. Oder vielleicht erscheint das Bild einer Quelle, eines Sees oder eines Meeres. Aber auch ein Berg oder einfach nur Licht.

Welches Gefühl kommt jetzt bei Ihnen auf? Lassen Sie es wirken. Und vielleicht kommt dahinter noch ein Gefühl? Oder gar noch eines?

Ganz in der Tiefe haben wir alle eine Sehnsucht, die wir mit sehr ähnlichen Wörtern benennen: Ruhe, Gelassenheit, Frieden, Geborgenheit, Liebe. Doch so verbraucht diese Begriffe auch sein mögen, jeder fühlt es auf seine ganz persönliche Art, jeder hat damit seine eigene Erfahrung. Manchmal meint man auch, diese Gefühle gar nicht zu kennen, da wir vielleicht schon sehr früh verletzt oder enttäuscht worden sind.

Trotzdem: Wenn der Zeitpunkt stimmt, traut mir mein unbewusster Geist zu, mit diesen Gefühlen, mit dem Samenkorn meiner Sehnsucht wieder in Berührung zu kommen. Und wenn dieses Samenkorn Wasser und Nährstoffe – Zeichen für den Anschluss an das Leben – und Licht – Zeichen für das Angenommen-Sein, für das Göttliche – erhält, beginnt es, uneingeschränkt zu wachsen, Freilich, die Umstände können es wieder und wieder behindern, uns können die Kräfte immer wieder verlassen, jedoch immer wieder wird es die Kraft in uns von Neuem versuchen, denn: Unser Wesen, unser Kern, der Geist in uns ist immer gesund. Und er hat eine unstillbare Sehnsucht nach einem sinnerfüllten Leben.

Der Kirchenlehrer und einer der wichtigsten Philosophen der Spätantike, Augustinus, sprach in diesem Zusammenhang r Unruhe: »Unruhig ist unser Herz, bis es ruht

‿er sogar Herausforderung unseres Lebens ist es,
‿‿it müde zu werden und die Suche nicht aufzugeben.

Wie sagte Rumi, der persische Mystiker: »Am Ende ist ein Mensch alles müde, nur des Herzens Verlangen und der Seele Wanderung nicht.« Was meint er damit? Dass wir unterwegs sind auf dem Weg unseres Lebens, auf dem es darum geht, alles zu integrieren: Unsere Stärken, unser Liebgewonnenes ebenso wie unsere Schwächen, unsere Verluste. Heilsein ist somit nicht gleichzusetzen mit Gesundsein. Heilung ist die Rückkehr der Erinnerung des Ganz-Seins.

Das heißt, diese Erinnerung an das Ganz-Sein ist der Motor unserer Entwicklung und hilft uns, uns selbst zu heilen.

Urvertrauen und Liebe: der tiefe Grund der Sehnsucht — und ihr Ziel

»Halt an, wo läufst du hin? Der Himmel ist in dir.
Suchst du Gott anderswo, du fehlst ihn für und für.«
ANGELUS SILESIUS

Grundsätzlich ist es sehr wichtig, sich bewusst zu sein: »Ich bin!« Und: »Ich bin geliebt, geschätzt, wertvoll.« Das ist die Grundaufgabe meiner Arbeit, wenn ich Menschen helfe, das (wieder) zu spüren. Wer dieses »Ich bin!« spürt, kann die Angst verlieren. Die Angst, nicht genügend geliebt oder gar verlassen zu werden, zu versagen und vieles mehr. Wenn jemand spürt: »Es ist gut, dass ich bin« – was kann ihm dann noch fehlen?

Jeder besitzt dieses Ganz-Sein-Gefühl, denn es ist nichts anderes als das Urvertrauen. Alle Menschen haben Urvertrauen, vielen ist das aber nicht klar, weil dieser Wert durch Glaubenssätze und Prägungen verstellt ist. Werde ich mir dessen allerdings bewusst, ist es das stärkste »Heilmittel«, das es gibt. »Es ist gut, dass du bist!« – Allein diese Aussage öffnet heilsame Perspektiven.

Leider haben wir alle Verletzungen dieses Urgefühls erlebt. Manche bringen diese Verletzungen schon über Generationen mit in ihr Leben. Andere erleben die Ablehnung und Missachtung in der Zeit vor ihrer Geburt, manche als Babys oder dann als heranwachsende Kinder. Manche auch als Erwachsene, wenn ihre Integrität verletzt, ihre Freude genommen, ihr Lebens-Wille gebrochen wurde. Manchmal geschieht dies dramatisch und deutlich nachvollziehbar, manchmal aber auch ganz subtil und versteckt, sodass man meint, es sei doch gar nicht schlimm. Wer kennt nicht Sätze wie: »Ach sei doch nicht so wehleidig«, »Reiß dich zusammen!«, »Es wird schon …«

Viel wurde und wird auch falsch gemacht, wenn Menschen einem »Gottesbild« folgen, das nicht selbst erfahren, sondern einfach übernommen und unreflektiert weitergegeben wird. Oft habe ich den Eindruck, dass – egal welche Religion oder welche Konfession – statt einer Froh-Botschaft eine Droh-Botschaft verkündet wird. Für mich ist der in allen spirituellen Richtungen vorhandene positive Kern verschüttet – durch das, was Frankl den »Willen zur Macht« nennt. Wenn das »Mächtige« nicht mehr dient, wird es oft missbraucht und verfälscht.

Bruder Roger Schutz (1915–2005), der Gründer der Mönchsgemeinschaft von Taizé in Frankreich, die sich besonders der friedlichen Versöhnung von Menschen, Konfessionen und Religionen widmet, schreibt in einem seiner Grundsatzwerke: »Eines fasziniert an Gott: die Demut seiner Gegenwart. Niemals verletzt er die Menschenwürde. Jede herrschsüchtige Geste würde sein Antlitz entstellen. Die Vorstellung, dass Gott kommt und bestraft, ist eines der größten Glaubenshindernisse ... Er übt niemals auf Menschen einen Zwang aus. In der Stille deines Herzen flüstert er: Hab keine Angst, ich bin da.«

Wie schön wäre es, wenn unser kindliches Vertrauen dieses Bewusstsein hätte bewahren dürfen. Raffen wir uns auf zu vertrauen, wird es so oft erneut gestört, ja immer wieder zerstört. Und weil wir dieses Muster so gelernt haben, scheinen wir die Zerstörung anzuziehen oder zerstören das aufkeimende Vertrauen lieber selbst, bevor uns jemand wieder enttäuscht oder verletzt.

Doch so sehr Vertrauen auch verletzt, ge-brochen und sogar zer-brochen wurde: Ich bin überzeugt, dass hinter und unter all den Schutzschichten und Narben des gebrochenen Vertrauens die Kraft des Urvertrauens nie verletzt werden kann. Durch all die Schichten kann sie wieder durchbrechen, wie ein Samenkorn, das leben will, verletzt und zart, aber voller Lebenskraft. Dann können wir dem Ent-täuschen, der Täuschung ein Ende setzen und ausbrechen. Ausbrechen aus den eigenen und fremden Gefängnissen und aufbrechen, um wahre Lebensfreude und Sinn zu erfahren.

Weil das Ur-Vertrauen nie gebrochen werden kann, darf ich Mut, Hoffnung und Lebenskraft immer wieder neu entwickeln und erfahren. Und das alles, weil dieses Urvertrauen mit einer Kraft untrennbar verbunden ist und einhergeht: der Liebe. Der »Liebe zum Leben«. Das ist für mich weit mehr als der »Wille zum Leben«.

Für mich ist die Liebe *die* Urkraft des Seins. Ich könnte auch sagen, Liebe ist die Urkraft der Sehnsucht: der Sehnsucht nach Ergänzung und der Sehnsucht nach Lebendigkeit (Dynamik).

Liebe ist für mich die Urkraft der Sehnsucht nach Beziehung und nach Versöhnung.

Es gibt so viele Versuche, das, was wir in diesem einen Begriff sammeln, zu ergründen und zu formulieren. Alle bleiben für mich hinter der wirklichen Größe dieser Kraft zurück. Liebe ist für mich, um es mit den alten griechischen und lateinischen Begriffen zu versuchen: verschenkend (caritas), dienend (diakonia), teilend (agape), aber auch freundschaftlich (philia), ergänzend (eros), leidenschaftlich (ebenso eros) und natürlich körperlich (sexos) erfahrbar.

Wir sind nun mal nicht Geister oder Engel, sondern Menschen aus Fleisch und Blut, die hier und jetzt unter diesen unseren Bedingungen Erfahrungen machen möchten. Erfahrungen aller dieser Kräfte der Liebe. Ich bin überzeugt, dass die Dynamik unseres Lebens, die Begeisterung für das Leben, die Trotzmacht des Geistes, immer wieder leben und lieben zu wollen, durch das Hinspüren zu unserer Sehnsucht, der Kraft des Ur-Vertrauens, der Dynamik der Liebe gelingt.

Die Motivationsforschung sagt uns: Nur wer eine Vision hat, ist erfolgreich. Vision, das ist die Schau eines Bildes. Meist ein Gegenbild, gegen die Um- und Zustände, in denen wir uns befinden oder die uns belasten. Mir geht es immer wieder darum, für mich selbst und mit den Menschen, die ich begleiten darf, Gegenbilder gegen die lähmende Angst, das belastende Schuldgefühl und den bedrückenden Tod zu entwickeln: Bilder der lebendigen Freude, der befreienden Versöhnung und des lebendigen Seins.

Leben aus Liebe, Leben in Beziehung – das macht Sinn!

KAPITEL 5:

Die fünf Lebenssinn-Beziehungen, in denen sich Sinn zeigt und erfahren wird

»Die Sehnsüchte der Menschen sind Pfeile
aus Licht. Sie können Träume erkunden,
das Land der Seele besuchen, Krankheit heilen,
Angst verscheuchen und Sonnen erschaffen.«
INDIANISCHE WEISHEIT

»Sinn« ist komplex und begegnet uns in verschiedenen Bereichen. Ich habe versucht, diese Komplexität mit dem Bild des Lebensbaums zu ordnen. Dieses Modell kann gut erklären, wie der Prozess des Sinnfindens funktioniert: wo man ansetzt und welche Möglichkeiten der Annäherung es gibt.

Wem es gut geht, der fühlt sich so richtig in seiner Kraft, geerdet und auch nach der Sonne ausgestreckt. Da sind wir in Balance, wenn wir ausgeglichen sind, und kein Unwetter kann uns erschüttern.

Leider ist es aber nicht immer so: Manche Menschen sind kraftlos, ausgepowert. Sie fühlen sich müde oder sehen keinen Sinn mehr in ihrem Tun und Leben. Deshalb kommen viele Menschen in unsere Beratung.

Andere kommen, weil sie einen großen Verlust erlitten haben: Ein wichtiger Mensch ist nicht mehr da – und das muss nicht heißen, dass er verstorben wäre. Andere schränkt das Älterwerden oder eine Krankheit in ihrem Lebensspielraum ein, sie haben ihren Job oder vielleicht sogar das eigene Unternehmen verloren.

Da erscheint dann die große Frage nach dem »Wofür« und fragt: Aus welchen Quellen bekomme ich jetzt meine Kraft und Lebensfreude?

Wieder andere kommen, weil sie Entscheidungen zu treffen haben, vor denen sie zurückschrecken. Weil sie von Konflikten geplagt werden oder einfach weil das Angebot zu groß ist und sie nicht wissen, was sie wählen oder worauf sie verzichten sollen.

Bei einem Großteil dieser Menschen ist der Terminkalender übermäßig gefüllt, aber ihr Leben ist auf der Strecke geblieben. Erfüllung: Fehlanzeige! Weil sie nur noch den Job sehen, haben sie durch die Flut an Aufgaben sich und die wichtigsten Menschen in ihrem Umfeld vernachlässigt. Diese bekamen ab, was vom Zeitkuchen übrig blieb.

Wer ständig im Galopp ist, vertraut darauf, dass die anderen Verständnis für die eigene Situation aufbringen, weil sie auch am Wochenende arbeiten und wichtige Telefonate führen. Solch »negativ Beschäftigte«, wie Psychologen sie klassifizieren, hoffen darauf, dass es ihnen nachgesehen wird, wenn sie abends erschöpft vor dem Fernseher einschlafen oder keine Lust mehr auf Unternehmungen haben oder an ihren Freunden den Unmut über die Probleme im Job auslassen.

Das permanente On-Sein ist aber ein schleichendes Gift, das sich negativ auf alle Betroffenen auswirkt und das Umfeld zermürbt. Mein Anliegen ist es, suchende, ratlose, ringende Menschen zu unterstützen und zu begleiten, sodass sie wieder zu ihrer eigenen Kraft zurückfinden. Dass die Quellen ihres Lebens wieder erschlossen werden und dass das wiedergewonnene *Wofür* ihnen Sinn und Lebensfreude zurückgibt.

Der Lebensbaum

> *»Ein Baum spiegelt das Sein.*
> *Er wandelt sich. Verändert stellt er sich selbst*
> *wieder her. Und bleibt immer der gleiche.«*
> SPRUCH DER OJIBWA

Ich verwende gern das Bild vom Baum, weil es ein ganz altes Mythosbild für Leben, Kraft, Dynamik und auch Stabilität ist, um die Entwicklung einer gesunden Persönlichkeit darzustellen und die verschiedenen Bereiche unseres Lebens abzubilden.

Menschen waren und sind immer schon eng mit Bäumen und dem Wald verbunden. Bäume haben und hatten in den verschiedensten Regionen unserer Welt eine besondere Bedeutung: sowohl *ökologisch,* wirtschaftlich als auch religiös.

Von Bäumen allein kann der Mensch durchaus leben. Außerdem besitzen Gestalten von alten Baumriesen eine ganz eigene Atmosphäre und Ausstrahlung. Daher findet sich die Faszination des Menschen für Bäume und Wälder in nahezu allen Kulturen.

In vielen Mythologien erscheint der kosmische Baum als Spiegel des Universums und als Mittler zwischen den verschiedenen Welten: der Unterwelt, der Erde, als dem Ort des »Hier und Jetzt«, und dem Himmel. Es ist manchmal auch der Weltenbaum, die Achse und Stütze der Welt, wie wir ihn zum Beispiel in der Edda, dem altisländischen Sagenwerk, finden.

Als Metapher und Symbol ist die Bedeutung des Baumes vielfältig. Er steht für Entwicklung und Wachstum ebenso wie für Starrheit und Unbeweglichkeit. Er kann phallische Bedeutung haben und symbolisiert die Verbindung zum sogenannten kollektiven Unbewussten.

Der Wald ist Symbol des Geheimnisvollen, Unbekannten, schwer zu Durchdringenden und der ungezähmten, wilden Natur. Häufig ist er mit der Vorstellung des Dunklen verbunden. Der Baum ist fest mit der Erde verwachsen. Seine Wurzeln dringen tief in sie ein und verankern ihn mit seiner Nahrungsquelle. Sie geben ihm Halt und Stabilität.

Der Baum ist ein Symbol der Stärke. Es gibt kaum einen anderen Archetypus, der auf diese besondere Weise Stärke verkörpert. Bäume strahlen Stärke aus, Widerstandskraft und Harmonie.

Die Struktur

> *»Dieses Gewächs ... gleicht dem Menschen.*
> *Es hat seine Haut, das ist die Rinde; sein Haupt*
> *und Haar sind die Wurzeln; es hat seine Figur*
> *und seine Zeichen, seine Sinne und seine*
> *Empfindlichkeit im Stamme ... Sein Tod und*
> *sein Sterben sind die Zeit des Jahres.«*
> THEOPHRASTUS PARACELSUS

Jeder Baum benötigt zum Wachsen vor allem: Wasser, Nährstoffe und Licht! Ohne diese Komponenten wird er nicht überleben.

Neben dem Stamm, den Ästen und der Krone – die für mich die Beziehungsbereiche charakterisieren, auf die ich später eingehe – symbolisieren zuerst der Boden und die Wurzeln unsere Herkunft, unsere Erfahrungen und die Umstände unseres Lebens. Viktor Frankl nennt das die Bedingtheiten unseres Lebens. Sie sind soziologischer, biologischer und psychologischer Natur.

Soziologisch (auch ökologisch und ökonomisch) meint: In welcher Familie bin ich aufgewachsen? In welcher Kultur und in welcher Zeit? Was waren die Umstände meines bisherigen Lebens? Wie war mein Elternhaus, wie ist meine Bildung, bin ich geborgen, vertrauensvoll aufgewachsen, oder gab es Not, Frustration, Misshandlung?

Wir haben in Mitteleuropa die Gnade, über siebzig Jahre in Frieden zu leben. Menschen, die aus unfriedlichen Ländern jetzt zu uns kommen, haben diese Voraussetzungen nicht. Auch der aktuelle Wandel unseres Wirtschaftssystems lässt uns fragen, wie wir damit umgehen. Und wie mit der Umwelt? Was macht es mit uns, dass sich durch den Klimawandel die Jahreszeiten verändern? Und wie gehen wir damit um?

Biologisch meint: Bin ich Mann oder Frau, groß oder klein, gesund oder weniger gesund? Mit welchen Fähigkeiten bin ich ausgestattet, welches sind meine natürlichen Talente und Begabungen? Habe ich zwei linke Hände, oder bin ich sehr geschickt? Kann ich laufen, tanzen, habe ich Kraft und bin ich schnell? Sind mein Gehör oder mein Auge besonders talentiert? Wie gehe ich mit dem Älterwerden um, mit chronischen Erkrankungen, mit Allergien, mit lebensbedrohlichen Diagnosen …

Psychologisch meint: Welche Erfahrungen habe ich gemacht, wie hat sich die Struktur meines Charakters entwickelt? Bin ich neugierig oder uninteressiert, bin ich mental robust oder zögerlich oder angstvoll, weil ich in frühen Jahren Schweres erlebt habe. Weil ich zum Beispiel meine Eltern verloren habe, in instabilen familiären Verhältnissen aufgewachsen bin, unsichere, wirtschaftliche Verhältnisse mich geprägt haben. Bin ich ein passiver oder aktiver Mensch? Wie nehme ich die Welt wahr? Was durfte oder konnte ich lernen? Steuern mich meine tiefsten Impulse und Triebe, oder habe ich gelernt, mich selbst zu steuern? Wurde mein Charakter, meine Persönlichkeit, durch mein Umfeld oder trotz meines Umfelds geformt? Was macht Angst mit mir? Sie kann blockieren, hemmen, zu allen möglichen Fluchten führen – in den nächsten Job, die nächste Beziehung, in die Sucht, in die rastlose Ablenkung.

Diese »Nährstoffe und Wurzeln« sind die äußeren Grundlagen für unsere Entwicklung und unser Wachstum. Sie sind das Fundament, das jeder von uns ererbt und dann durch prägende Erfahrungen aufgebaut hat.

Doch die Grundkraft all unseres Wachsens ist nicht ausschließlich dieses »Erbe« und die »Prägung«, sondern der Geist in uns, der leben und lieben will. Dieser Geist ist stets in Verbindung mit den Kräften der Liebe, des Lebens und der Sehnsucht nach Beziehung.

Dieser Geist lässt den Stamm wachsen und stärker werden: Der Stamm kann gerade oder krumm, flexibel oder stabil sein – er stellt die Verbindung zwischen den Wurzeln und der Krone her, zwischen unseren stärkenden Grundlagen und der Vielfalt des Lebens, zwischen der Tiefe des Rückzugs und der Weite der Beziehungen.

Oft wird schon die kleine Pflanze geknickt, der wachsende Stamm verbogen oder verletzt. Doch wenn die Lebenssäfte fließen, von unten nach oben und umgekehrt, wird die Sehnsucht des Wachsens stärker sein als alle Kräfte, die es zu behindern suchen.

Manche nennen es unerschöpfliches Potenzial, andere Resilienz, wieder andere Selbstheilungskräfte oder auch Urvertrauen und Lebenswille. Der gesunde Stamm hat Kraft in sich und gibt Mut. Ganz verschieden mag die Rinde sein, die ihn schützt, und das tragende Holz, das dahinter entsteht, immer dient es dem Wachstum und Streben, sich dem Licht und der Wärme entgegenzustrecken.

Der Stamm fächert sich in diesem Bild auf in starke und dann in kleine Äste, die die Krone bilden.

In ihrer Mitte steht das gesunde ICH, das Selbst, das wir »Geistige Person« nennen. Und jeder Ast, ja, jeder Zweig und jedes Blatt wächst anders in seiner Bestimmung, tritt anders mit der Welt in Beziehung. Eher zur Sonne oder zum Schatten hin und bestimmten Bereichen zugewandt: dem Ich, dem Du, der Aufgabe, der Welt, der Spiritualität.

Blätter, Blüten und Früchte wollen getragen werden. Und an den äußeren Enden des Baumes sieht man am deutlichsten die

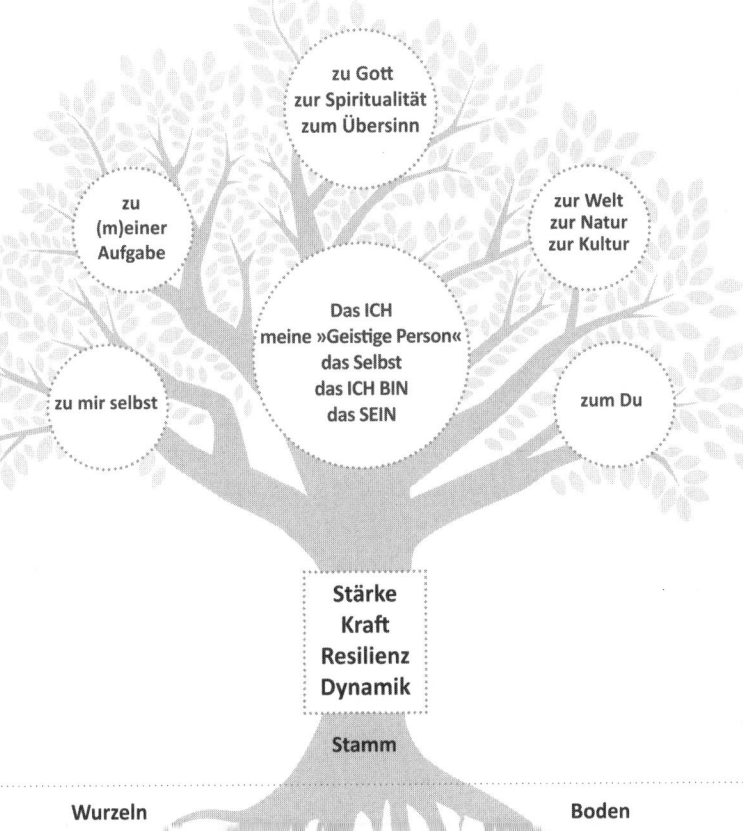

zu Gott
zur Spiritualität
zum Übersinn

zu
(m)einer
Aufgabe

zur Welt
zur Natur
zur Kultur

Das ICH
meine »Geistige Person«
das Selbst
das ICH BIN
das SEIN

zu mir selbst

zum Du

Stärke
Kraft
Resilienz
Dynamik

Stamm

Wurzeln

Boden

meine Bedingtheiten – Grundlagen – Potenziale
sozial biologisch körperlich psychisch

Dynamik des Lebens, die sich hier in einem wunderbaren Schauspiel jedes Jahr von Neuem in einem geordneten Kreislauf zeigt: das Wachsen, ganz zart und doch so kraftvoll, das Blühen, wunderschön und faszinierend, das Reifen, nahrhaft und verschenkend – und dann der Rückzug, loslassend und sich erholend.

All das ist für mich Sinnbild für unsere menschliche Dynamik eines sinnerfüllten Lebens, in dem es um Suche, Fülle und Loslassen geht. Wie formulierte Goethe so treffend in seinem Gedicht »Selige Sehnsucht«:

Und so lang du das nicht hast,
Dieses: Stirb und Werde!
Bist du nur ein trüber Gast
Auf der dunklen Erde.

Schauen Sie einmal genau hin: Keine Baumkrone ist symmetrisch, rund, gleichmäßig. Auch kann ein Unwetter kommen, das den Baum zerzaust, oder Ungeziefer, das ihn schädigt, vielleicht eine mutwillige Säge, die ihn nicht pflegen, sondern zerstören will. Und dennoch kann es ihm immer wieder gelingen, sich von Verletzungen, Sturmschäden und Schädlingen zu regenerieren. Weil ein Geist da ist, der zu diesem Wirken und Wandeln fähig ist.

Der Prozess — in vier Schritten

> *» Was du bist, ist ein Geschenk Gottes an dich,*
> *was du daraus machst, ist dein Geschenk an Gott.«*
>
> Alte Weisheit

Was bringt nun unseren Baum zum Wachsen? Wie entwickelt sich die Dynamik unseres Seins, unseres Da-Seins und unseres So-Seins in dieser Welt?

Diesen Prozess der Entwicklung der Persönlichkeit vergleiche ich mit dem Fluss des Lebens in jeder Pflanze und damit auch in unserem Baum. Die Urkraft, die für diesen Fluss steht, ist die Sehnsucht. Die Sehnsucht, die sich mit dem Urvertrauen und den Quellen der Liebe und der Lebenslust verbindet und zu wachsen beginnt.

Dieses Wachstum ist zuerst immer ein vorsichtiges, das geschützt, behütet, gepflegt und gestärkt werden will. Diese aufkeimende Sehnsucht erleben wir in inneren Bildern, in Gefühlen, in zarten »inneren Stimmen« und plötzlichen Gedankenimpulsen. Leider haben wir uns so weit vom Hören und Sehen dieser inneren Angebote entfernt und nutzen lieber unsere trainierte Ratio, den Verstand, sodass wir ganz oft über diese treibende Kraft unseres inneren Baumes hinweggehen.

So ist meine erste Anweisung in diesem Prozess der Entwicklung im **ersten Schritt** das **Zulassen und Wahrnehmen** unserer **inneren Bilder und Gefühle**, die uns unsere Sehnsucht schenkt.

Die Sehnsucht ist die treibende Kraft, die bereits im Samen angelegt ist. Sie hat alle Informationen in sich, doch um zu wachsen und Nährstoffe zu beziehen, braucht sie den Boden. So kann sie austreiben, sich dem Licht der Sonne entgegenstrecken, Kraft tanken und die in ihr innewohnenden Informationen entfalten. Dafür braucht es Schutz, Zeit und Respekt. Dann gilt es zu schauen, wie sich dieser Baum, dieses Gebäude meiner Selbst entfaltet.

Also zuerst einmal einfach zulassen, was sich zeigen will, was da wächst. Unsere Wahrnehmung ist geprägt durch Bewertungen wie: »Wie geht es mir gerade?«, »Darf ich das zulassen?« oder »Was habe ich gelernt?« Die Herausforderung ist, solche Fragen hintanzustellen.

Bin ich beispielsweise ein sehr rationaler Mensch, fällt es mir sicherlich nicht leicht, diese inneren Bilder nicht gleich vom Tisch zu wischen. Bin ich voller Angst, wird mir das Bild einer schönen Landschaft wie ein Hohn erscheinen, und ich werde es vielleicht sogar als Antwort auf meine Sehnsucht ablehnen.

Daher rate ich im **zweiten Schritt** dazu, **Gefühle und Bilder, ohne nachzudenken**, in die Welt zu bringen. Man kann sie in Worte fasse, malen oder tanzen ... Vielleicht habe ich ein kleines wertvolles Büchlein, das schon lange darauf wartet, gefüllt zu werden, oder eine leere Leinwand ... Oder ich setze mich wieder mal ans Klavier und drücke in Tönen und Melodien aus, was so aus meiner Tiefe spürbar wird.

Habe ich die Bilder und Gefühle auf diese Weise festgehalten, kann ich mit dem **dritten Schritt**, dem **Ordnen** beginnen. Jetzt darf die **Reflexion des Denkens** wieder einsetzen, um mir zu erklären, welche Bedeutung es für mich hat, was mir da aus meiner Sehnsucht entgegenstrahlt, was da wachsen will.

Und im **vierten Schritt** geht es dann um das **Tun**, um das Umsetzen, um das Leben. Der Keimling, der groß geworden ist, will wachsen, blühen, reifen und Früchte tragen. In verschiedensten Formen und zur Freude für sich selbst und für die, die um ihn sind.

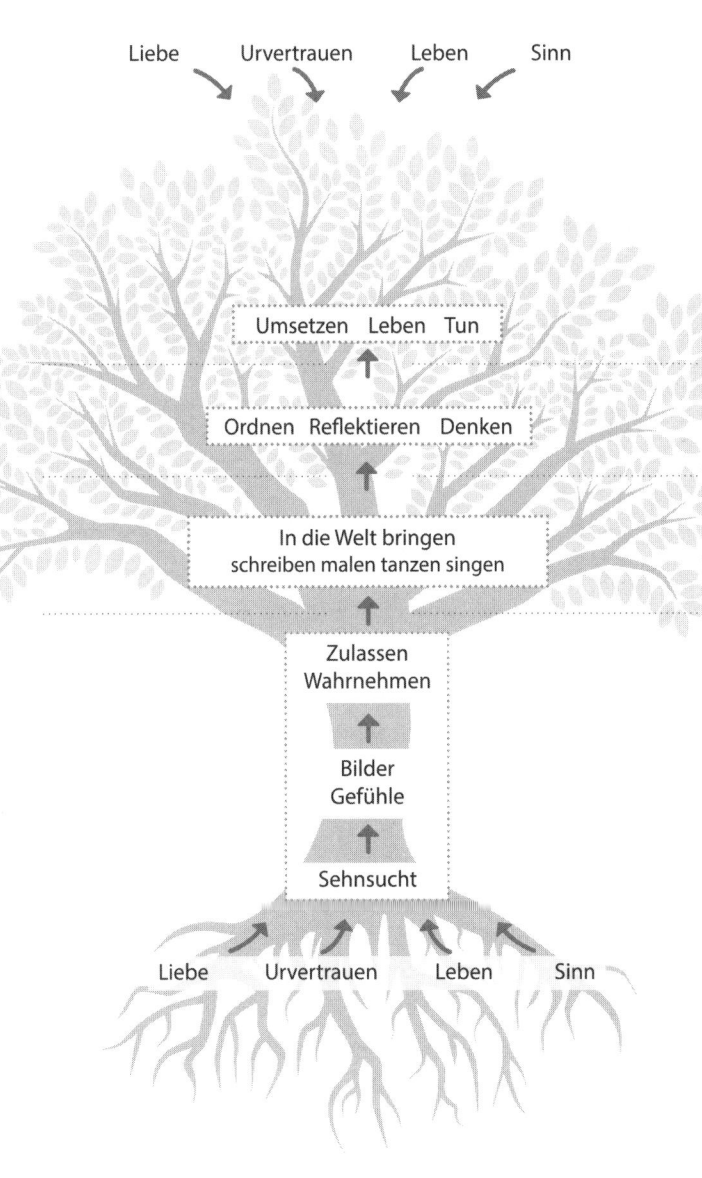

Sinnerfülltes Leben ist Leben in Beziehung

> » Wer oder was macht die Erfahrung deines Lebens,
> deines Körpers, deiner Umwelt, deiner Gefühle?
> Wir sagen normalerweise ›Ich‹.
> Wer aber ist dieses ›Ich‹? Wo ist dieses ›Ich‹«?
>
> DEEPAK CHOPRA

Sinnerfülltes Leben ist Leben in Beziehung. Nämlich die Beziehung dieses Ichs zu sich selbst, welches aus seinen tiefen Wurzeln Kraft schöpft, seine Bedürfnisse lebt, die Facetten seines Charakters, sein Potenzial, seine Werte kennt und weiß, was es sich wert ist.

Doch sind wir uns bewusst, »wer« dieses Ich ist? Wie ich bereits geschrieben habe, ist eine meiner Lieblingsfragen im Coaching: Wer bist du? Wer bist du wirklich? Das ist leicht gesagt, aber schwer zu beantworten. Das »Ich«, das ich meine, ist nicht das Ego, es ist das »Selbst« oder das »Sein« oder die »Geistige Person«, je nachdem, wie wir es nennen wollen.

Bevor dieses Ich eine Beziehung aufnimmt, ist es entscheidend, ein Bewusstsein oder zumindest ein Gefühl zu entwickeln, dass es in mir so etwas wie dieses »Ich bin« gibt. Zuerst einmal ganz ohne Zusätze (ich bin stark, ich bin geborgen, ich bin ruhig, ich bin geliebt, ich bin lebendig). Sie brauchen nur zu spüren, was Sie ausmacht, welches Grundgefühl Sie durchfließt, welche Sehnsucht Sie bewegt.

Und ganz wichtig: Es geht hier um Ausgewogenheit. Und diese Ausgewogenheit ist keine Gleichzeitigkeit: Manchmal richtet sich mein Ich mehr zu einem Bereich aus. Da ist dann ein Teil meiner Baumkrone mehr zur Sonne hin ausgerichtet, manchmal ein anderer. Das hängt von der jeweiligen Lebensphase ab: Manchmal – jeder kennt das – ist eine bestimmte Aufgabe wichtiger, manchmal die Beziehung. Bei einer Krankheitsdiagnose eines leistungsorientierten Menschen etwa erhält die Beziehung plötzlich einen ganz anderen Stellenwert als vorher der gut bezahlte Job oder die soziale Aufgabe.

Eine Krisen auslösende Nachricht kann wie ein Gewitter sein. Sie reißt meinem Baum einen Teil hinweg, zum Beispiel die Gesundheit. Ich kann – um im Bild zu bleiben – aber auch bewusst einen Ast abschneiden. Etwa wenn sich bestimmte Freunde als große Energieräuber entpuppen und ich besser diesen Ast abschneide. Es ist oftmals besser, loszulassen und den Trieb, auch wenn es hart klingt, abzuschneiden. Damit die anderen Bereiche ihre Kraft entfalten können.

Es kann aber auch ein Zweig aufgepfropft werden, wenn ich mir etwas Neues suche, etwa einen neuen Job. In diesem Fall sollte ich nicht Hals über Kopf wechseln, sondern mit Bedacht, um Enttäuschungen zu vermeiden.

Auch ein Krebsgeschwür kann sich einnisten, was meine Strukturen von innen her morsch werden lässt, mich schwächt und krank macht. Übermäßige Angst, Zweifel am Leben oder wenn ich alte Verletzungen nicht loslassen kann, raubt mir das ebenfalls Energie.

Die Frage ist auch – denn alle fünf Beziehungsbereiche erfahre ich wieder über die Werte: Was ich tue, erlebe und welche Haltung daraus erwächst, ob mein Wert, den ich lebe, auch mein eigener ist oder ich ihn nur einfach übernommen habe.

Doch nun zur Beschreibung der einzelnen Bereiche meiner *Baumkrone*.

Zuallererst: die Beziehung zu sich selbst

» Wann, wenn nicht jetzt?
Wo, wenn nicht hier? Wer, wenn nicht ich?«
NACH RABBI HILLEL

Erzählen mir Menschen ihre Sorgen, und ich frage dann: » Wer sind Sie?«, folgt darauf meist großes Schweigen. Nicht ein negatives, sondern ein überraschtes Schweigen. Ich kann das sehr gut nachvollziehen, denn es braucht in der Regel einen entsprechenden Leidensdruck, sich der Frage zu stellen. Bin ich mit mir nicht ehrlich und klar und setze ich mich nicht mit dieser Frage auseinander, werde ich irgendwann im Lauf meines Lebens ein »Problem« entwickeln.

Mich interessiert in einem ersten Gespräch selten, welche Sorgen, welche Probleme, welche Herausforderungen mein Gegenüber hat, welche Themen sich hinter ihm verstecken, sondern erst einmal nur: Wer bist *du?* Wo sind deine Sehnsüchte, wo deine Wünsche, deine Träume? Wo sind deine Potenziale? Oder wie sind sie? Was sind sie? Wo bist du?

Wir müssen schon sehr früh Verhaltensregeln lernen wie »So darfst du aber nicht sein ...«, »Das passt jetzt nicht ...«, »Tu die Hände auf den Tisch ...«, »Bleib sitzen ...« und vieles mehr. Das beginnt schon im Kleinkindalter. In einer Zeit, in der sich unser Ich auszudrücken beginnen möchte, wird es schon gebremst, sodass es sich anpasst und zurücknimmt. Natürlich hat das seine Berechtigung, wir wollen zu einer Gesellschaft gehören, in einer Familie leben, wo man das eben so oder so macht.

Unser größtes Bedürfnis als Kind ist, »geliebt zu werden«. Erst dann folgen Ernährung, Sicherheit und so weiter. Für viele, vor allem für die, die diese Erfahrung in der Kindheit nicht

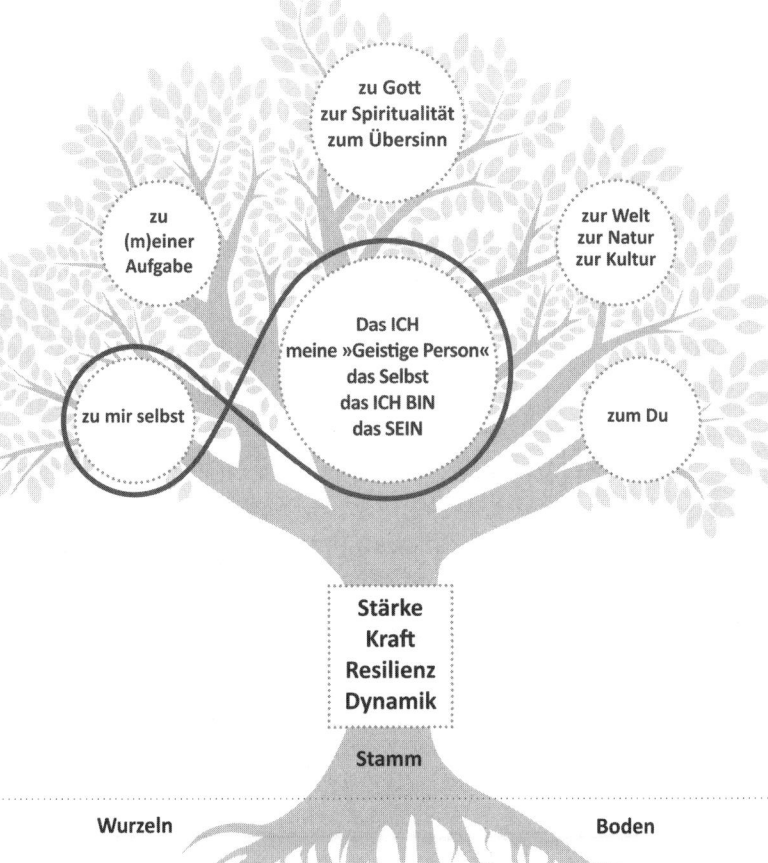

zu Gott
zur Spiritualität
zum Übersinn

zu
(m)einer
Aufgabe

zur Welt
zur Natur
zur Kultur

Das ICH
meine »Geistige Person«
das Selbst
das ICH BIN
das SEIN

zu mir selbst

zum Du

Stärke
Kraft
Resilienz
Dynamik

Stamm

Wurzeln

Boden

meine Bedingtheiten – Grundlagen – Potenziale
sozial biologisch körperlich psychisch

ausreichend machen konnten, bleibt es auch im Erwachsenen-alter ein zentrales Bedürfnis. Das geschieht ganz unbewusst und hindert uns daran, eigene Werte zu entwickeln, und die innere Kreativität, die Sprengkraft des Ichs, bleibt oftmals auf der Strecke.

In Kapitel 2 habe ich ausgeführt, dass die geistige Dimension dynamisch ist. Daher ist es wichtig zu fragen: Wo liegt denn diese Kraft? Wo darf sie leben? Hat sie überleben dürfen, nehme ich sie wahr oder hat sie sehr früh einpacken müssen? Wie stehe ich in Beziehung zu mir?

Natürlich ist es auch wichtig, sich seiner Antagonisten, seiner Gegenspieler, seiner Blockaden bewusst zu sein und sich zu fragen: Wie stehe ich zu meinen aufkommenden Ängsten und Zweifeln? Kann ich meine Ängste benennen? Welche Macht hat mein innerer »Ja-aber-Sager«?

Manchmal wurden uns diese kraftvollen Gegenspieler übergestülpt, manchmal haben wir sie selbst wie Unkraut, das die Saat erstickt, wachsen lassen. Doch die bremsenden Kräfte und deren Ursachen sind nicht so wichtig. Wichtiger ist, nach den versteckten und lange nicht beachteten Ressourcen und Kräften zu suchen!

Oft stelle ich in Coaching-Gesprächen fest, dass der Mensch, der vor mir sitzt, keine Beziehung zu sich selbst besitzt. Zu sich und seinen Potenzialen, zu seinen tiefen Kräften. Das ist das Hauptthema.

Eine Dysbalance entsteht sehr oft zwischen der Beziehung zu mir und der Beziehung zum Du. Viele Menschen sind oft nur noch bei sich, wollen keine Beziehung mehr zum Du haben, weil sie von anderen enttäuscht und verletzt worden sind.

Andere wiederum sind nur beim Du, da sie Angst vor sich

und den eigenen Schattenseiten haben. Gibt es zum Beispiel Probleme im Job oder mit dem Partner, greifen sie, statt darüber nachzudenken, zum Telefon und plaudern mit einem Freund oder Kollegen, um sich davon abzulenken.

Eine Beziehung zu sich selbst zu haben, sich zu spüren und sich mit sich selbst und seinem Innersten auseinanderzusetzen ist immens wichtig, um zu einem erfüllten Leben zu gelangen.

Und weil wir es so selten lernen, uns selbst wirklich zu spüren, auf unsere innersten Bedürfnisse zu hören und die Zeichen unseres Körpers und unserer Psyche wahrzunehmen, verselbstständigen sie sich manchmal. Und dann erschrecken wir, wenn wir, scheinbar ganz überraschend, unsere Handlungsfähigkeit verlieren und unsere Angst mit uns Achterbahn fährt. Oder wenn der Körper Reaktionen zeigt – wir unsere Abwehrkräfte verlieren oder wir unter unspezifischen Schmerzen oder Schlafstörungen leiden.

Frankl sagt: »Sinn liegt draußen in der Welt.« Aber ich kann erst in die Welt schauen, wenn ich mich kenne. Das heißt, Probleme im Job, in der Beziehung oder mit der Gesundheit, das sind meist nur Symptome. In Wirklichkeit steckt dahinter oft die Frage: »Worum geht es denn eigentlich?« Also die Frage nach dem Sinn.

Ich bin überzeugt, dass ich zuerst eine Beziehung zu mir aufbauen muss, bevor ich eine Beziehung zum Du, zum Außen herstellen kann. Hier liegt ein großer Schatz verborgen, der oft nicht beachtet wird. Und, wie Deepak Chopra es auf den Punkt bringt: »Alle Beziehungen sind Abbilder der Beziehung zum Selbst.«[1] Wie Sie sich selbst mehr kennenlernen können, lesen

---

1 Deepak Chopra: »Die sieben geistigen Gesetze des Erfolgs«, Berlin 2008, S. 30.

Sie in Kapitel 6. Zurück zu unserer Baumkrone und ihren Be-
standteilen, die sie ausmachen.

Das Ich in der Beziehung zum Du

> *» Wie soll ich meine Seele halten,*
> *dass sie nicht an deine rührt? ...*
> *Doch alles, was uns anrührt, dich und mich,*
> *nimmt uns zusammen wie ein Bogenstrich,*
> *der aus zwei Saiten eine Stimme zieht. «*
> RAINER MARIA RILKE

Die Hinwendung zu einem Du, einem Gegenüber, einem Menschen leben wir am deutlichsten in Beziehungen. Hier erfahren
wir als Erstes und am einfachsten Nähe, Erfüllung, Geborgenheit, ja, das, was wir *Sinn* nennen.

Ein Ich, das eine Beziehung mit dem Du lebt (Eltern, Ge-
schwister, Partner, Freunde, Kollegen ...), sollte sich bewusst
sein, dass Beziehungen nie etwas Statisches, Beständiges sind.
Sie können sich verdichten und wollen manchmal auch wieder
losgelassen werden. Denn Beziehung ist immer ein Spiel aus
Nähe und Distanz, Verschmelzung und Auseinandergehen.

Martin Buber sagte, dass der Mensch als solcher auf ein Du
ausgerichtet ist: »Der Mensch wird am Du zum Ich. Gegenüber
kommt und entschwindet, Beziehungsereignisse verdichten
sich und zerstieben, und im Wechsel klärt sich, von Mal zu Mal
wachsend, das Bewusstsein des gleichbleibenden Partners, das
Ichbewusstsein.«[2]

---

2 Martin Buber: »Ich und Du«, Gerlingen 1997, S. 37.

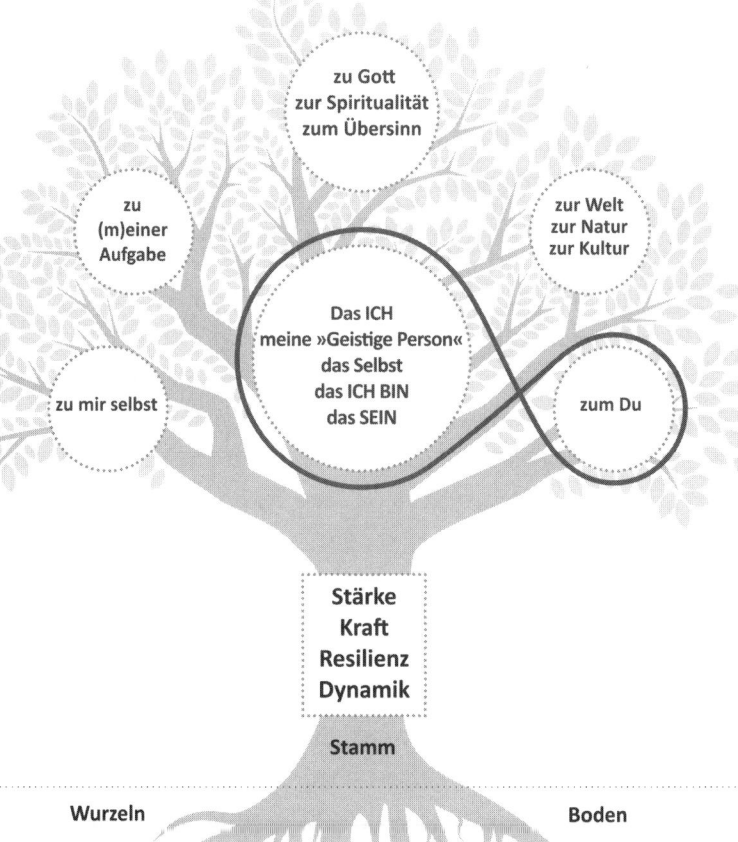

zu Gott
zur Spiritualität
zum Übersinn

zu
(m)einer
Aufgabe

zur Welt
zur Natur
zur Kultur

Das ICH
meine »Geistige Person«
das Selbst
das ICH BIN
das SEIN

zu mir selbst

zum Du

Stärke
Kraft
Resilienz
Dynamik

Stamm

Wurzeln

Boden

meine Bedingtheiten – Grundlagen – Potenziale
sozial biologisch körperlich psychisch

Deswegen sage ich: *Sinnerfülltes Leben ist leben in Beziehung*, denn der Mensch ist grundsätzlich auf Dialog, auf Beziehung ausgerichtet. Und wenn ich merke, dass manche Beziehungen sehr an mir zehren und mich aussaugen – wir kennen ja alle die verschiedensten »Energie-Räuber« –, dann heißt es, dass ich mich wieder auf mich selbst konzentrieren darf. Hinfühlen, wer ich bin und was mein innerster Kern, meine Sehnsucht in dieser Beziehung zu einem Du leben will – vielleicht auch mit dem Ergebnis, dass ich mich lösen muss.

Sinnerfülltes Leben hat eine Aufgabe

> *»Die Aufgabe wechselt nicht nur von Mensch*
> *zu Mensch – entsprechend der Einzigartigkeit jeder*
> *Person –, sondern auch von Stunde zu Stunde,*
> *gemäß der Einmaligkeit jeder Situation.«*[3]
> VIKTOR FRANKL

Leer und ausgebrannt, überfordert oder gelangweilt – so lautet oft der Befund, wenn von Arbeit gesprochen wird. Der Ruf nach einer guten Work-life-Balance ist aus vielen Ecken zu hören. Was ist darunter zu verstehen?

Aus meiner Sicht entstehen diese Symptome, weil wir den Broterwerb als solchen und die konkreten Aufgaben in bestimmten Situationen nicht bewusst genug unterscheiden. Eine Aufgabe zu haben, ja vielleicht sogar seinem Ruf, seiner Berufung zu folgen, ist weit mehr als nur der Job, der mich und meine Familie finanziert.

---

3   Viktor Frankl: »Ärztliche Seelsorge«, München 2007, S. 43.

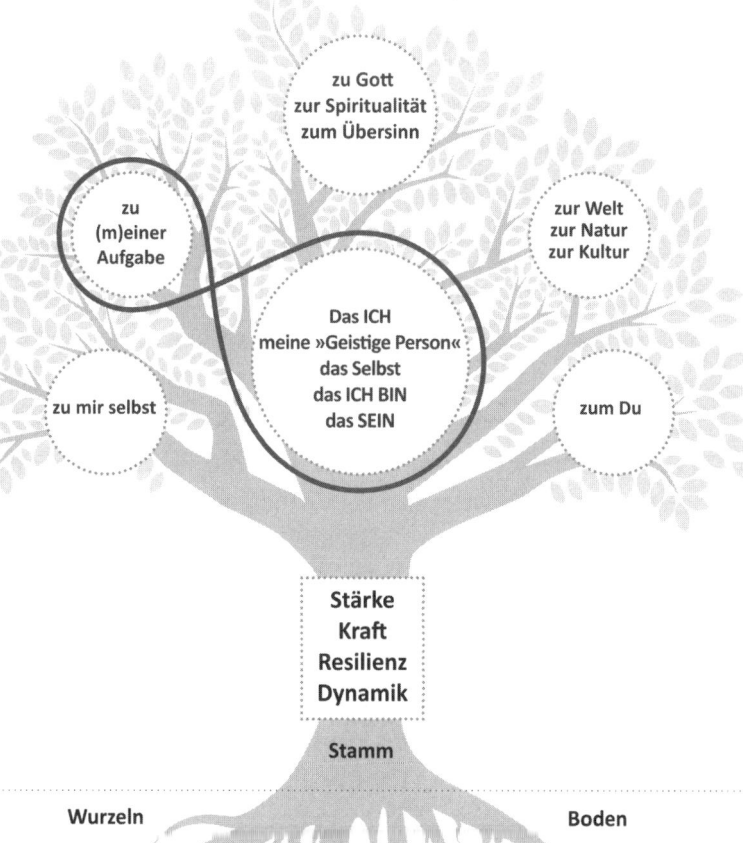

zu Gott
zur Spiritualität
zum Übersinn

zu
(m)einer
Aufgabe

zur Welt
zur Natur
zur Kultur

Das ICH
meine »Geistige Person«
das Selbst
das ICH BIN
das SEIN

zu mir selbst

zum Du

Stärke
Kraft
Resilienz
Dynamik

Stamm

Wurzeln

Boden

meine Bedingtheiten – Grundlagen – Potenziale
sozial biologisch körperlich psychisch

Zweifelsohne sollte jeder für seinen oft noch so mühsamen Job dankbar sein. Denn Arbeitslosigkeit ist eine ernste Bedrohung unserer persönlichen, gesellschaftlichen und politischen Ausgeglichenheit.

Wenn wir auf unsere persönliche Ausgeglichenheit achten wollen, gilt es, darauf zu achten, dass möglichst alles, was wir tun oder tun müssen, mit mir, meiner Sehnsucht und meinen Zielen im Einklang ist. Die Balance zwischen Arbeit und Leben ist dann gelungen, wenn wir unsere Arbeit lieben und unser Leben mit wertvollem Tun füllen können.

Und das muss nicht immer mit Geld zusammenhängen – wie viele ehrenamtliche Aufgaben zeigen. Auch ohne Bezahlung stillen sie meine Sinnerwartung und bringen mir so mehr Zufriedenheit. Die oft übersehenen oder verschmähten kleinen und großen Dienste – wie nicht zuletzt der unermüdliche Einsatz einer Hausfrau und Mutter – sollten als Aufgabe aufgewertet und nicht als selbstverständlich abgetan werden. Auch die grundsätzliche Frage, welchen Beitrag ich in dieser Welt leiste, findet hier vielleicht eine Antwort.

Im besten Fall verknüpfen sich die verschiedenen Bereiche meines Baumes: wenn ich eine Aufgabe habe, die mich mit wertvollen Menschen verbindet und die mich selbst stärkt und mich die Welt erfahren lässt. So berühren und beleben sich die meisten Bereiche meines Lebensbaums.

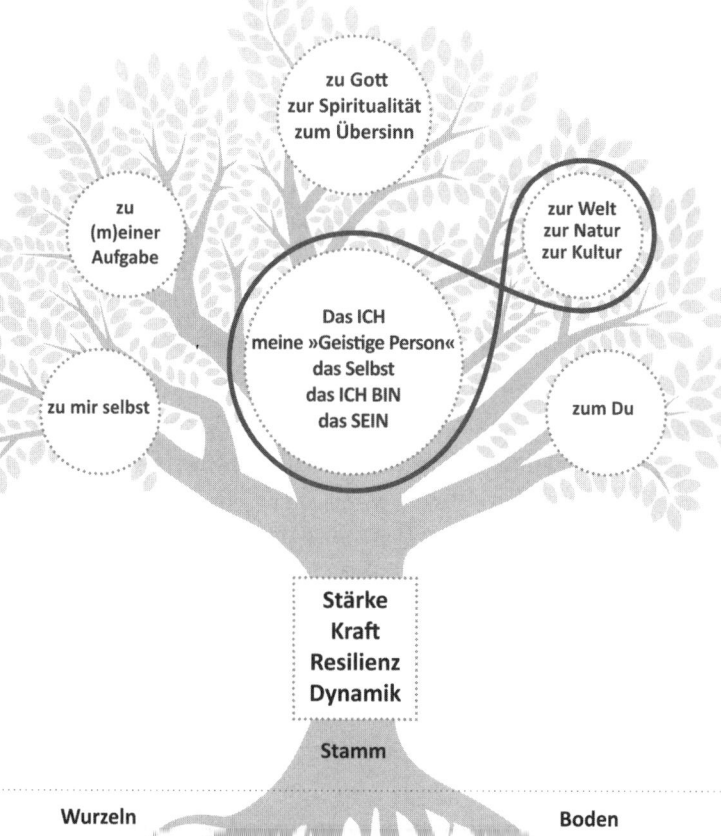

Das Ich im sinnstiftenden Bezug zur Welt, zur Natur, zur Kultur

> »Jenseits von Richtig und Falsch liegt ein Ort.
> Dort treffen wir uns.«
>
> RUMI

Das Ich, und hier sind wir bei einem weiteren Bereich unserer Baumkrone, wird auch von seinem Umfeld genährt. Von seinem Eingebundensein in die Welt, die Natur, die Kultur. Um das einschätzen zu können, stellt sich die Frage: Wie begegne ich meinem Umfeld, in dem ich lebe, und wie gehe ich damit um? Nehme ich zum Beispiel wahr, dass es Musik gibt, die mich beflügelt, mich begleitet, mich stärkt? Oder wie sehe ich die Natur: Fühle ich mich als Teil von ihr, als getragen und beschenkt? Oder nehme ich sie vielleicht gar nicht wahr? Benutze und missbrauche ich sie gar? All das ist eine Frage des Bezugs und der Wertigkeit.

Weiter oben hatten wir schon von unserer Verantwortung gesprochen, als Haltung zu meiner Umwelt: Welche Ant-*Wort* gebe ich auf die vielen Angebote, und auch, wie begegne ich den vielen Herausforderungen, die die Welt, in der ich lebe, mir stellt?

Das »Ich« im Bezug zu seiner »Welt« bedeutet für mich auch, wie ich politische, soziale und ökonomische Verantwortung wahrnehme. Nutze ich Ressourcen nur, oder mache ich mir Gedanken, wie lange sie mich nähren oder welche Menschen unter meiner Nutzung eventuell leiden? Nutze ich nur das Angebot der Natur, oder fühle ich mich auch ver-*antwort*lich für die ökologische Balance der Welt?

In Bezug sein ist immer ein Geben und Nehmen, ein Ausgleich, ein Nutzen und Schenken. Wachsen kann ich nur, wenn ich mich auf diese Dynamik einlasse.

Auch die Kultur, die Gesellschaft, die Geschichte, die mich tragen, die mich prägen, gehören in diesen Bereich meines Baumes. Gerade in unserem Lebensraum des alten Europas dürfen wir stolz und dankbar sein auf so vieles, was uns die Generationen vor uns errungen und geschenkt haben. All dies trägt dazu bei, dass wir Werte erkennen, leben und weitergeben können.

Beziehung zum Atem des Lebens: Spiritualität — Gott — Übersinn

> »*Nur weil Gott ist, ist der Stein ein Stein. Nur weil Gott ist, ist der Baum ein Baum, der Löwe ein Löwe, der Mensch ein Mensch. Nur weil Gott ist, ist das Leben lebendig. Denn ohne ihn könnte nichts sein. In allem, was ist, leuchten seine Strahlen, sehen wir den Abglanz seiner Herrlichkeit.*«
> DIONYSOS AREOPAGITA

Natürlich müssen wir uns bei der Frage nach dem Sinn auch mit der Frage nach der Spiritualität auseinandersetzen: Wie stehe ich zur Spiritualität, zum großen Geist? Aus dem ich komme und zu dem hin ich mich entwickle? Ich könnte Ihnen das jetzt theologisch, bibel-theologisch oder dogmatisch begründen. Grundsätzlich geht es mir um den Geist, der in uns allen ist, die geistige Dimension.

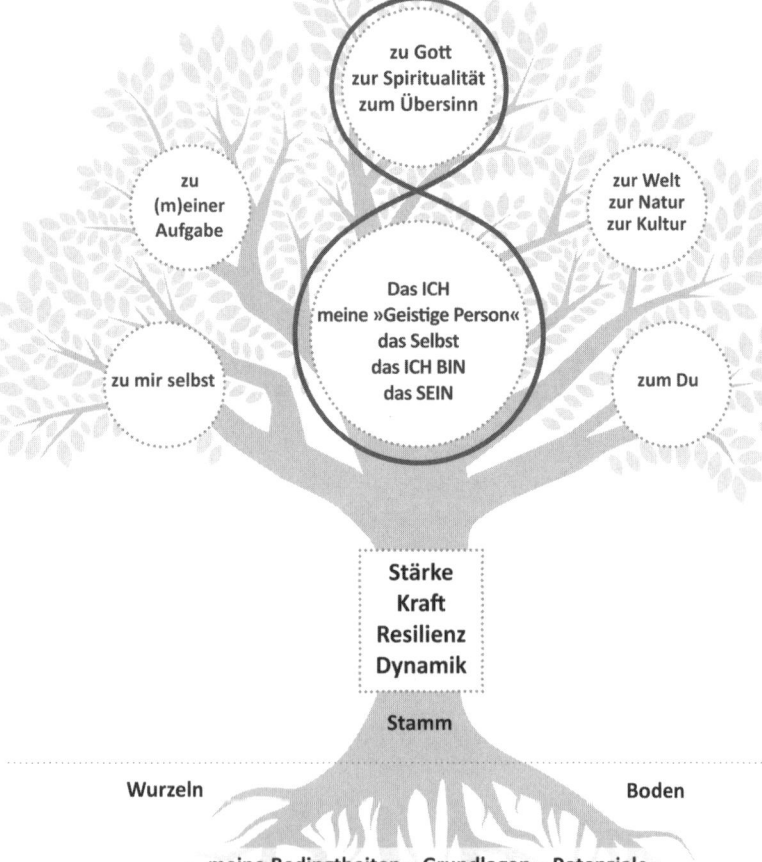

zu Gott
zur Spiritualität
zum Übersinn

zu
(m)einer
Aufgabe

zur Welt
zur Natur
zur Kultur

Das ICH
meine »Geistige Person«
das Selbst
das ICH BIN
das SEIN

zu mir selbst

zum Du

Stärke
Kraft
Resilienz
Dynamik

Stamm

Wurzeln

Boden

meine Bedingtheiten – Grundlagen – Potenziale
sozial biologisch körperlich psychisch

Sie können diese Dimension einfach Gott oder auch Energie nennen, andere sehen sie als Engel oder Helfer, während es auch Menschen gibt, die diese Form der Unterstützung gar nicht brauchen: Nicht jeder glaubt an etwas, und dennoch wird er Werte haben.

Eine Frage allerdings bewegt alle: Wie leicht wird es mir fallen, aus dieser Welt zu scheiden? Natürlich gibt es auch hier wieder Menschen, die alles loslassen können und an nichts glauben. Allerdings sind sie in der Minderheit. Im Rahmen meiner Beratung streife ich immer auch die Frage nach Gott, nach der Spiritualität. Weil mir die Antwort darauf zeigt, ob der Mensch, der mir gegenübersitzt, Urvertrauen hat, und die ist wichtig als stabile Größe, als starker Anker im Leben. Sie lässt sich ausbauen, und das sollte man auch. Das versuche ich meinen Coachees zu vermitteln, weil es uns stark und widerstandsfähig macht.

Der Schweizer Psychiater Carl Gustav Jung (1875–1961) schrieb einmal: »Unter allen meinen Patienten jenseits der Lebensmitte, das heißt jenseits fünfunddreißig, ist nicht ein Einziger, dessen endgültiges Problem nicht das der religiösen Einstellung wäre. Ja, jeder krankt in letzter Linie daran, dass er das verloren hat, was lebendige Religionen ihren Gläubigen zu allen Zeiten gegeben haben, und keiner ist wirklich geheilt, der seine religiöse Einstellung nicht wieder erreicht, was mit Konfession oder Zugehörigkeit zu einer Kirche natürlich nichts zu tun hat.«[4]

Kommen oder sind wir in Beziehung zur Spiritualität – das ist für mich etwas wesentlich anderes als Glaube oder Religion, das ist diese unendlich große, sich selbst verschenkende

---

4 Zitiert nach: Verena Kast: »Die Tiefenpsychologie nach C. G. Jung«, Ostfildern 2014.

Kraft –, dann werden wir wirklich lebendig. Wenn wir dafür wieder ein Gefühl bekommen, das uns oftmals in Kinderjahren aberzogen wurde, und wenn da etwas zurückkommt, wenn da ein Dialog beginnt, dann funktioniert so etwas wie »sinnvolles Leben«.

Wir lieben das Leben! Aber wenn wir entdecken, dass das Leben noch viel mehr *uns* liebt, dann verändert sich plötzlich die Perspektive. Ich bin überzeugt davon, dass das Leben es gut mit uns meint.

Bei all den dramatischen Geschichten, die ich in vielen Sitzungen schon gehört habe und noch hören werde, glaube ich ganz sicher: Das Leben meint es gut mit dem, der mir gegenübersitzt. Und mit diesem kleinen Wörtchen »gut« kann ich Steine, Felsen, gar Berge in Bewegung setzen. Mit diesem Glauben an den immer gesunden, persönlichen Kern. Das bedeutet, dass das Gelingen von Beziehung nicht nur von mir abhängt, sondern auch vom Grundangebot des Lebens, das uns geschenkt ist und das der Lebensbaum uns sichtbar macht.

KAPITEL 6

Wie erfahre ich und was stärkt meine fünf Lebens-Sinn-Beziehungen?

»Nichts ist spannender,
als das anzunehmen, was kommt.«
Dalai Lama

Sinn lässt sich über verschiedene Wege erfahren. Drei wichtige Möglichkeiten möchte ich Ihnen hier vorstellen: Zuerst, das können Sie ganz mit sich allein machen, eine Anleitung zur Reflexion der wichtigsten Lebensfragen. Dann, einige Impulse, wie Sie im Dialog mit Menschen für sich selbst und mit anderen Werte und Sinn erfahren können. Und als dritten Weg gebe ich eine Einführung in die Impulskraft und Kreativität der inneren Bilder.

Fragen über Fragen ... doch sie lassen mich wachsen!

»Wenn du etwas weitersagen willst, so siehe es
zuvor durch drei Siebe: Das erste lässt nur das Wahre
hindurch, das zweite lässt nur das Gute hindurch,

und das dritte lässt nur das Notwendigste hindurch.
Was durch alle drei Siebe hindurchging,
das magst du weitersagen.«

SOKRATES

Immer wieder heißt es, dass wir uns und unser Leben infrage stellen sollen. Was diese Aufforderung anbelangt, bin ich geteilter Meinung: Wir haben diese inneren Zweifler, die Infragesteller, die Ankläger, den »Quatschi« oder »monkey-mind«. Sie lassen uns auf der Stelle treten und fördern so etwas wie eine Problemhypnose und Stress. Das sollten wir wissen und auch, dass es die, wie ich finde, kreativen Treiber gibt: die Fragen, die mich aus meiner Höhle herauslocken, die meinen Horizont weiten, meine Zuversicht stärken wollen. Das sind die sogenannten »Sokratischen Fragen« und auch die aufwertenden Fragen des »Dialogs der Liebe«.

Immer wieder neu, so heißt das zentrale Anliegen: »Hilf mir, dich zu verstehen!« Oder wenn wir selbst mit uns in den inneren Dialog treten: »Hilf mir, mich zu verstehen!«

Ich biete Ihnen hier eine Zusammenstellung an Fragen an, geordnet nach den fünf Bereichen der Lebens-Sinn-Beziehungen. Es ist eine große Fülle an Fragen, um Ihnen bewusst zu machen, wie vielfältig die einzelnen Bereiche unseres Lebensbaums sind. Vielleicht fehlen auch noch ein paar Fragen …
Und manche Bereiche überschneiden sich, aber lassen Sie sich nicht beirren: Nehmen Sie sich einen Bereich oder vielleicht auch nur eine Frage, die Sie gerade anspricht, heraus. Lassen Sie sich Zeit, es braucht eine Weile, wenn Sie sich auf sich selbst neu einlassen wollen. Setzen Sie sich damit in eine ruhige Ecke, oder machen Sie einen Spaziergang, und lassen Sie sie wirken. Sie werden merken: Fragen können wie Medikamente wirken!

Zuerst noch einmal die Fragen zu meinem Wesen, meinem Kern, dem *Ich,* das in Beziehung tritt:

Wer bin ich?
Welche Sehnsucht treibt mich an?
Welches Feuer brennt in mir?
Was will ich hier in diesem Leben erleben?
Welche Fragen stellt das Leben an mich?
Was kann ich?
Was will ich?
Was will ich tun?

Fragen zum ersten Bereich: Gelingendes Leben ist ein Leben in Beziehung mit mir selbst:

Wann begegne ich mir selbst?
Was macht mich aus?
Wann/wodurch bin ich lebendig?
Welche Talente und Fähigkeiten an mir kenne/schätze ich?
Gebe ich mir (meinen Talenten, Fähigkeiten, Neigungen,
    Interessen ...) eine Chance/genügend Gelegenheit?
Welche Rolle spielt Verantwortung in diesem Bereich?
Was macht es mit mir, wenn ich jeweils eine der folgenden
    Haltungen auf die Beziehung zu mir selbst anwende:
    Dankbarkeit, Optimismus, Lebensfreude, Offenheit,
    Neugier, Respekt, Konsequenz?
Was »erlebe« ich in der Beziehung zu mir?
Kann ich meine Einstellungen zu mir selbst liebevoll
    anpassen?
Wie gehe ich mit meinen Talenten um?
Achte ich meinen Körper und seine Fähigkeiten?
Wie begegne und lebe ich meine Sexualität?

Wie bin ich Frau? Wie bin ich Mann?
Sind meine Bildung und mein Wissen wichtig für mich?
Kenne ich die Grundbedürfnisse meines Lebens?
Wie lauten sie?
Sorge ich ausreichend dafür?

Fragen zum zweiten Bereich: Gelingendes Leben ist ein Leben in Beziehung mit dem *Du* (familiäre Beziehungen, partnerschaftliche Beziehungen, Liebesbeziehungen, soziale Beziehungen, Arbeitsbeziehungen, Beziehungen mit Menschen, die mir begegnen, die mir anvertraut sind, und vieles mehr):

Wem vertraue ich?
Wer freut sich mit mir?
Wer gibt mir Heimat?
Welche Begegnungen geben mir Kraft?
Welche Qualität haben meine Beziehungen?
Durch wen erfahre ich mich selbst?
Welche brachliegenden Chancen bieten mir »verzeihen«
   und »versöhnen«?
Erfahre ich Stabilität in meinen sozialen Beziehungen?
Welche Rolle spielt Verantwortung in diesem Bereich?
Was macht es mit mir, wenn ich jeweils eine der folgenden
   Haltungen auf meine sozialen Beziehungen anwende:
   Dankbarkeit, Achtsamkeit, Respekt, Offenheit, Neugier?
Was »erlebe« ich in den verschiedenen Beziehungen?
Kann ich meine Einstellungen liebevoll anpassen?

Fragen zum dritten Bereich: Gelingendes Leben ist ein Leben in Beziehung zu einer Aufgabe:

Welche Aufgaben sehe ich in meinem Leben?
Kenne ich und wie lebe ich meine »Be-ruf-ung«?
Welche Aufgaben nehme ich wahr, und was macht es mit mir?
Welche Werte (er)lebe ich in der Zuwendung zu meiner Aufgabe?
Was spüre ich in der Zuwendung zu meiner Aufgabe?
Welcher Aufgabe würde sich meine Sehnsucht zuwenden?
Welche Talente und Fähigkeiten setze ich in meinen Aufgaben um?
Verbindet sich meine Aufgabe mit den Bereichen »Beziehung zu mir« und »Beziehung zum Du«?
Welche Rolle spielt Verantwortung in diesem Bereich?
Was macht es mit mir, wenn ich jeweils eine der folgenden Haltungen auf meine Aufgaben anwende: Dankbarkeit, Lebensfreude, Offenheit, Kreativität?
Welche weiteren Haltungen entstehen aus dem bewussten Leben meiner Berufung?
Was »erlebe« ich in den verschiedenen Aufgaben?
Was entsteht/was schaffe ich?

Fragen zum vierten Bereich: Gelingendes Leben ist ein Leben in Beziehung zur Natur/Welt/Kultur:

Pflege ich Kontakt zur Natur?
Gebe ich meiner natürlichen Umwelt/meiner kulturellen Umwelt/meinem Umfeld die Chance, mich zu erreichen?
Erlebe ich mich als Bestandteil der Welt, die mich umgibt?

Wie nutze ich die Natur als Kraftquelle, als Quelle der Stille, der Erholung, der Inspiration?

Was interessiert mich an der Welt, in der ich lebe?

Nehme ich wahr, welcher Reichtum an Kultur mich umgibt? Sehe ich die Landschaft, die Architektur, die gestaltete Natur?

Höre ich die Klänge, die die Natur und auch die Kultur mir bieten?

Rieche, spüre ich die Welt?

Wie nehme ich dieses Angebot an?

Was macht es mit mir?

Was mache ich daraus?

Habe ich Fähigkeiten/Talente in diesem Zusammenhang?

Wie ist meine Beziehung zu all dem, was um mich geschieht (im Kleinen wie im Großen, ökologisch, sozial, ökonomisch, politisch)?

Welche Aufgaben nehme ich in diesem Bereich wahr?

Welche Rolle spielt für mich Verantwortung in diesen Bereichen?

Welche Sehnsucht habe ich in Bezug auf Natur, Welt, Kultur?

Was macht es mit mir, wenn ich jeweils eine der folgenden Eigenschaften/Werte auf die Natur, auf meine kulturelle Umgebung, auf meine Um- und Außenwelt anwende: Respekt, Dankbarkeit, Freiheit, Verzicht, Achtsamkeit, Kreativität?

Zum fünften Bereich: Gelingendes Leben ist ein Leben in Beziehung mit meiner Spiritualität.

Kenne ich tiefe (spirituelle) Momente?

Wann/wodurch spüre ich (mich) intensiv?

Nutze ich Gelegenheiten, meine spirituelle Seite zu entdecken?

Gibt es praktische Tätigkeiten, die meine Aufmerksamkeit (Konzentration) in angenehmer Weise und in sehr hohem Ausmaß fordern?

Was macht es mit mir, wenn ich bete, singe, meditiere? Welche Rolle spielt Verantwortung in diesem Bereich?

Was macht es mit mir, wenn ich jeweils eine der folgenden Eigenschaften/Werte auf die Beziehung zu meiner Spiritualität anwende: Dankbarkeit, Liebe, Achtsamkeit?

Was »erlebe« ich in der Spiritualität?

Welche Haltung wächst in mir, wenn ich mich mit dem Geist, mit Gott, oder wie auch immer ich es nenne, verbunden fühle?

Diese Fragen sind nicht vollständig und wollen nur ein erstes Angebot sein, mein ganzes Wesen daran zu erinnern, auf wie viele Weisen wir in Beziehung sind, wenn unser Geist lebendig ist!

Sinnfindung im Dialog

> *»›Oma, wo war ich, bevor ich auf die Welt kam?‹*
> *›Du warst in der Liebe verborgen!‹«*
> NACH ELISABETH LUKAS

Um einen Menschen bei seinem Sinn-Findungsprozess unterstützen zu können, ist es wichtig, als Begleitender sich zuerst mal ganz zurückzunehmen und so einfühlsam wie möglich aufzutreten. Das beginnt mit echter Zugewandtheit und wenn möglich, das habe ich oben schon beschrieben, mit tiefem *Dabei-Sein* bei den Potenzialen des anderen.

Nur wenn ich meinem Gegenüber positiv und offen begegne, wird er sich angenommen und akzeptiert fühlen. Sonst lässt sich kein Vertrauensklima aufbauen. Geduldig zuzuhören, sich seinen Kummer anzuhören und freundlich und interessiert zurückzufragen ist die Grundlage eines wertorientierten Gesprächs. Ratschläge zu erteilen sollte man lassen, ebenso in Richtig und Falsch zu kategorisieren. Das wichtigste Anliegen, auch wenn es wirklich schwer durchzuhalten ist, ist es, nicht zu werten und schon gar nicht zu be-werten oder ab-zu-werten.

Auch ist es wichtig, darauf zu achten, sich nicht in die oft endlosen Fragen, die belastenden Geschichten oder gar das Leid eines anderen hineinziehen zu lassen.

Immer wieder sind wir auf der Suche nach Potenzialen und Ressourcen, nach der lebendigen Sehnsucht und der heilenden Lebenslust. Und unser Interesse gilt, zumindest im sinn- und wertorientierten Gespräch, nicht den Schwächen, sondern den Stärken.

So ist als **erster Schritt**[5] das *Aufwerten* meines Gesprächspartners, das Wahrnehmen der gesunden Lebensbereiche, das Bewusstmachen der vielen geglückten und manchmal auch hart errungenen Siege Aufgabe einer guten Begleitung.

Mein Gegenüber werte ich auch auf, indem ich seinen heilen Personenkern betrachte, seine innere Schönheit – auch ohne dies gleich an- oder auszusprechen. Zusätzlich versuchen wir, die guten Seiten, die Stärken und Besonderheiten, die bei jedem irgendwo zu finden sind, wahrzunehmen und anzuerkennen. In

---

5 Elisabeth Lukas beschreibt diese Schritte ausführlich in der von ihr so genannten »Rhetorik der Liebe«, die zum ersten Mal in der Zeitschrift »Existenz und Logos« im Jahr 2002 veröffentlicht wurde.

ihnen verborgen liegen die Entfaltungsmöglichkeiten von morgen. Dort hinzusehen verlangt Achtsamkeit und Empathie.

Viele Menschen, die ihre Werte und damit ihren Sinn verloren haben, sind vergleichbar mit jemandem, der im Dunkel oder im Nebel nach Sicherheit und neuer Orientierung sucht. So sagen wir gerne, dass ein **zweiter Schritt** in der Begleitung das Erlangen von *Klarheit* ist. Wenn uns wie Schuppen von den Augen fällt, was uns schon so lange belastet hat und was wir nicht gesehen haben. Wenn wir ein Licht am Ende des Tunnels erkennen, wenn unsere wirren Gedanken sich langsam wieder ordnen, dann wird Orientierung möglich. Freilich ist es oft unangenehm, was uns unser Partner, eine gute Freundin, ein Therapeut sagen, doch Klarheit zu bekommen ist der Anfang von Heilung.

Frankl meinte, Leid mache Menschen »hellsichtig«, aber auch »dunkelsichtig«. Das heißt, dass sie in die Verzweiflung, die Verbitterung abgleiten. Daher ist die Klarheit und sind auch Alternativen so wichtig. Um für Klarheit sorgen zu können, muss ich mein Gegenüber verstehen.

Daher gehe ich mit der sokratischen Haltung »Hilf mir, dich zu verstehen« in Gespräche mit Klienten. Ich hake nach, wenn ich etwas nicht verstanden habe, wiederhole ihre Aussagen, indem ich frage: »Verstehe ich Sie richtig, dass Sie meinen, Ihre Frau ist …?« Oder indem ich mein Gegenüber spiegle: »Ich habe den Eindruck, das bewegt Sie sehr?« oder »Ich merke, das strengt Sie an …«

Diese Haltung ist ein exzellenter Kommunikationsfaktor, weil er rasch und kritiklos Klarheit schafft. Er stellt das Gegenüber in den Mittelpunkt und möchte verstehen. Das ist nichts anderes als pure Wertschätzung, die dem anderen vermittelt: Du bist mir wichtig. Das stärkt das Vertrauen, baut die Kooperationsbereitschaft auf und macht klar, um was genau es geht.

Und als **drittes Element** eines Dialogs der Sinnfindung ist es wichtig, einen Raum zu schaffen, in dem *Alternativen,* also neue Möglichkeiten, sichtbar werden. Die Angst hat uns eingeengt und die Sicht vernebelt. Das wertschätzende Gespräch hat Klarheit gebracht. Leider habe ich nicht immer sofort eine Lösung im Blick. Im Dialog können wir aber gemeinsam Möglichkeiten aufzeigen, Wertvolles aus der Vergangenheit wieder in den Blick holen und abwägen, ob dies neue Sinn-Perspektiven erschließen kann. Auch wenn wir als Freunde, Partner oder Berater noch so gute Ideen hätten: Wir dürfen diese niemals unserem Gegenüber aufzwingen! Es geht, wie es Elisabeth Lukas nennt, um ein »Spiel mit Alternativen«.

Die Entscheidung, welche der aufscheinenden Möglichkeiten mein Gegenüber in seinem neuen Freiraum umsetzen will, was ihm wirklich wichtig ist und wovon er sich erhofft, Sinn zu erfahren, darf ich getrost meinem Gegenüber überlassen. Das Lernen des Spiels mit Freiheit und Verantwortung bei der Auswahl der wertvollen, sinnstiftenden Möglichkeiten, kann und darf niemandem abgenommen werden. Und das ist so bei einem kleinen Kind bei der Wahl seiner Spielsachen, bei der erwachsenen Frau bei der Partnerwahl und bei einem alten Menschen, wie er seine verbleibenden Tage gestalten möchte.

Imagination: Sinn muss ich spüren, ich kann Sinn nicht erdenken!

> *» Wer nach außen schaut, träumt,*
> *wer nach innen schaut, erwacht!«*
>
> CARL GUSTAV JUNG

Das Imaginieren ist eine sehr große Hilfe, um den Status quo der Fragen »Wer bin ich?« und »Wo stehe ich?« zu ermitteln. Mit der Imagination kann man aber auch gut herausfinden »Was ist meine Sehnsucht?« und »Was trägt mich?«.

Das Imaginieren ist eine Art innerer Bilderschau. Blicke ich nach innen, erscheinen dort vor meinem inneren Auge Bildwelten, Symbole, Worte, Sätze. Dabei geht es nicht so sehr darum, diese Bilder und Symbole zu deuten, sondern um das dabei entstehende Gefühl. Das können angenehme und unangenehme Gefühle sein: Freude, Durchatmen, ein Gefühl der Freiheit, des Angekommen-Seins, aber auch Schmerz, Wut, Trauer. Das klingt jetzt vielleicht einschüchternd, doch haben Sie keine Angst: Gerade hinter nicht so schönen Gefühlen und Motiven verbergen sich Möglichkeiten, sich und bestimmte Dinge zu bereinigen und zu verändern. Dabei kommen wir manchmal ohne Leid nicht zum Durchbruch, zum Wesentlichen.

Ich möchte hier unter keinen Umständen für eine Überhöhung des Leides, des Schmerzes eintreten. Doch sollten Sie wissen, dass manchmal nur über das ganz bewusste Wahrnehmen einer leidvollen Situation eine Veränderung stattfinden kann. Das ist ein ganz normaler Prozess. Die *Leidensfähigkeit* ist eine der größten Fähigkeiten des Menschen, sie ist die *Haltung*, die uns durch- und aus-halten lässt: Das Leben zu bejahen, trotz der Schmerzen und Wunden, trotz der Verluste und trotz der

Zweifel und Ängste, so wie Viktor Frankl es getan hat. Eine großartige Gabe, die wir in der Kraft unserer *Geistigen Person* besitzen und für unser Menschwerden, für unsere Heilung nutzen können.

Die Imagination, wie ich sie verstehe und wie wir sie in unseren Beratungen am SinnZENTRUM in Salzburg als »Imaginative Logotherapie und Existenzanalyse®« weiterentwickelt haben[6], ist ein großartiger Katalysator auf der Reise zum Sinn unseres Lebens. Denn: Sinn muss ich spüren, ich kann Sinn nicht erdenken!

Das sah auch Viktor Frankl so, der davon ausging, dass der unbewusste Geist das potenziell zugängliche Wissen über Zusammenhänge im (eigenen) Leben er- und umfasst. Das Unbewusste beinhaltet eine schöpferische, gestaltende und sinnstiftende Kraft.

In dem Maß, in dem man Zugang zu seinem Unbewussten findet, entdeckt man Sinn, sich selbst und die Stärke, ihn zu leben.

Durch die Imagination kann man eine kognitive und emotionale Annäherung an den unbewussten Geist schaffen. Wichtig ist, sich eine Imagination nicht als bloßes Kopfkino oder wilde Fantasien vorzustellen, sondern die Möglichkeiten der Reise in unsere eigene Tiefe ernst zu nehmen, weil sie riesige Chancen eröffnet. Wie C. G. Jung in seinem oben erwähnten Zitat sagt: »Die innere Welt ist viel weiter und reicher, als wir uns das je vorstellen können.«

---

6 Ich konnte in den letzten Jahren, gemeinsam mit Frau Dr. med. Ruth Hackmack-Eder, einen ganz neuen Zugang zur Arbeit mit inneren Bildern im Rahmen der anerkannten Therapieform der Logotherapie und Existenzanalyse entwickeln. Diese neue Form der Arbeit konnten wir 2015/16 in einer ersten Studie gemeinsam mit der Fakultät für Psychologie der Universität Wien unter der Leitung von Frau Univ.-Prof. Dr. Brigitte Lueger-Schuster untersuchen.

Sehen wir uns das Unbewusste an: Zum Unbewussten haben wir keinen unmittelbaren Zugang, es ist eine Welt, die unser Verstand nicht erfassen und begreifen kann. Im Alltag zeigt sich uns diese Welt gelegentlich in Gedankenblitzen, Ahnungen, Visionen oder Träumen. Das Unbewusste hat für uns eine ganz essenzielle Bedeutung, es kann uns mitteilen, was für uns wirklich sinnvoll ist und welche Wege wir beschreiten sollten. Das ist aber alles andere als einfach, weshalb wir uns schwertun, unser Unbewusstsein zu erschließen.

Unser Unbewusstes ist für die meisten Menschen ein unbekanntes Land, dessen Sprache wir auf Anhieb nicht verstehen und sprechen. Prinzipiell sind Bilder die Sprache, mit der sich das Unbewusste ausdrückt und uns zeigt, was tief in uns vorgeht.

Die moderne Neurobiologie und Hirnforschung sagt uns, dass unser Denken und Fühlen ganz stark über Bilder funktioniert und auch die Speicherung von hochkomplexen Inhalten über innere Bilder gestaltet wird.[7] So können wir sagen, dass die innere Sprache unseres Denkens und Fühlens eine Bildersprache ist.

Auch die Sprache, derer sich unsere Geistige Person bedient, ist eine Bildersprache. Wenn wir uns mit ihr und den Bildwelten auseinandersetzen, kann sie zur Brücke zwischen bewusster und unbewusster Welt werden.

Seien Sie versichert: Jeder Mensch hat innere Bilder! Es bedarf jedoch einer gewissen Neugier und Offenheit, sich auf diese einzulassen, was nicht allen Menschen auf Anhieb gelingt. Indem wir uns diesen inneren Bildern nähern, nähern wir uns auch unseren bislang verborgenen inneren Prozessen. Unser

---

7 Siehe die Bücher von Gerald Hüther in der Literaturliste am Ende des Buches.

Leben mit Vergangenem und Kommendem, aktuellen Gefühlen, Beschränkungen, Wünschen, Sehnsüchten, Stärken und Schwächen kann sich unmittelbar in diesen Bildern und Symbolen zeigen. Wir können sie dreidimensional erleben, und sie können sehr intensiv sein. Das bedeutet, wir haben sie nicht nur vor unserem geistigen Auge, sondern sie lassen sich auch hören, schmecken, riechen, spüren.

Mit der Imagination begibt sich der Klient auf eine bewusste Wanderung zu seinem unbewussten Geist. Dabei öffnet er sich den wahrgenommenen Bildern und Eindrücken – was nicht bewusste Bilder über den Verstand sind. Er teilt und deutet diese mit sich selbst oder mit seinem Begleiter, der ihn bei dieser inneren Bilderschau unterstützt. Doch das Deuten ist immer die letzte, kognitivste Stufe des Prozesses. Zuerst geht es nur um das Wahrnehmen und Eintauchen in das Geschehen.

Dass Imaginationen bei unserer Suche nach dem persönlichen Sinn des Lebens hilfreich sein können, lässt sich leicht erkennen: Wer einmal die Bilder während einer Imagination erleben konnte, versteht, wie groß der Unterschied zwischen der bislang bewussten und meist rationalen und der inneren Betrachtung ist.

Praktisch in die Tiefe blicken

Wenn ich oder einer unsere Berater eine solche Imagination begleiten, dauert das in der Regel eine gute Viertelstunde, selten auch mal länger. Dabei sind wir als Begleiter Fragesteller und bewerten nicht.

Zu Beginn bitten wir unseren Klienten, es sich so gemütlich wie möglich zu machen. Wir fragen ihn, ob er lieber auf einem

Stuhl sitzen oder sich hinlegen möchte. Wir haben in jedem unserer modern eingerichteten Beratungszimmern eine Liege stehen. Die meisten Klienten ziehen jedoch den Stuhl vor und gehen gern auf den Vorschlag ein, ein Kissen unterzulegen, damit sie bequemer sitzen.

Als Nächstes bitten wir unser Gegenüber, auf seinen Atem zu achten und ruhig ein- und auszuatmen. Nach einer kurzen Zeit – wenn wir das Gefühl haben, unser Klient ist ruhig geworden und bei sich angekommen – bitten wir ihn, die Augen zu schließen: So fällt es leichter, nach innen zu blicken, und das Ergebnis ist ein wesentlich tieferes. Dann fragen wir entweder ein besprochenes Thema ab oder fragen unbestimmt: »Was sehen Sie?«

Oftmals beginnt die Innenschau in einer inneren Landschaft. Die meisten sehen da erst einmal gar nichts oder einen Berg, das Meer, eine Wiese mit einem Baum oder auch innere Begleiter, in Menschen- oder Tiergestalt.

Erscheint kein Bild vor dem geistigen Auge des Imaginierenden, leiten wir den Imaginierenden an, sich an einen guten Platz zu begeben und das Gefühl wahrzunehmen, das an so einem »guten Ort« vorherrschen könnte. Vielleicht ist es Ruhe oder Mut oder Zuversicht. Aber auch Fröhlichkeit und Leichtigkeit können da als Gefühle genannt werden. Dann kann er vielleicht schon schemenhaft einen Blick auf die Landschaft oder den Ort werfen, der da vor seinem geistigen Auge im Entstehen ist.

»Spüren Sie da einmal hin, was ist da für ein Gefühl?«, regen wir an. Was kommt, ist vielleicht ein Gefühl der Freiheit oder Wärme durch eine aufgehende Sonne, die einen bestrahlt. Vielleicht ist es etwas überraschend Neues.

»Je verrückter es ist, haben Sie keine Angst davor«, beschwichtigen wir, »lassen Sie es zu! Denn je ungewöhnlicher und unerwarteter es ist, desto tiefer hat sich Ihr Unbewusstes gezeigt.«

Vielleicht ist es auch nur eine Blume oder ein Vogel? Oder nur eine Farbe, der Ton eines Musikstücks oder eine Melodie? Die innere Welt ist größer als all das, was wir in der Enge unseres Lebens erfahren. Warum? Weil wir größer, weiter, liebevoller, freudvoller angelegt sind, als wir uns das bislang vorgestellt haben.

Über die Beschreibung dessen, was der Klient bei dieser inneren Reise sieht, habe ich einen Kontakt zu ihm und kann ihn führen. Etwa mit Fragen wie: »Was sehen Sie?« – »Gibt es da noch andere Personen?« – »Wo stehen Sie?« – »Wollen Sie dableiben oder weitergehen?« – »Wie geht es Ihnen?« – »Was fühlen Sie?«

So kommen wir nach und nach dem Innersten und der Antwort auf das zu klärende Thema nah und näher. Hauptaufgabe bei der Begleitung ist es, auf Gefahrenstellen hinzuweisen und bei deren Überwindung zu helfen, er wird auch auf schöne Dinge aufmerksam machen, auf Umwege, aber keinesfalls zu einer Abkürzung drängen.

Der Begleiter wird den Imaginierenden das Ziel immer allein erleben lassen. Eine solche Führung ist niemals nur aktiv oder nur passiv, sondern richtet sich nach den Bedürfnissen des Imaginierenden.

Es kann sein, dass der Imaginierende sagt: »Es reicht, ich habe genug gesehen, es ist gut so.« Meist regen wir dann an, vielleicht doch ein paar Schritte weiter zu gehen, weil sich oft noch etwas zeigen kann.

Oder der Reisende sagt: »Oh, es geht jetzt noch etwas auf!« Dann sollte man genau hinhören. Meist waren die vorhergehenden Bilder in solchen Fällen nur eine Vorbereitung auf das, was noch auf ihn zukam und der Geist ausdrücken möchte.

Öffnet der Imaginierende nach seiner Innenschau wieder die Augen, lassen wir ihm Zeit, ganz im Hier und Jetzt anzukommen, und besprechen danach das Erlebte und Gefühlte.

Bei diesem Prozess gibt es kein allgemeingültiges Rezept, man muss sich einlassen auf das Unbewusste und die Bilder, mit denen es sich mitteilen möchte.

Manchmal tritt bei diesem Prozess ein Grauschleier oder ein dunkles Bild auf, das der Einzelne plötzlich sieht. Das kann damit zusammenhängen, dass sich das Denken zu früh wieder einschalten will. Es kann aber auch eine Art Schutzfunktion unseres Unterbewussten sein, das uns vor etwas Traumatischem schützen möchte.

Da gilt es dann oft, hindurchzutauchen und dahinterzublicken. Auch hinter die vermeintlich nicht durchlässige Betonplatte, hinter der sich ein schöner Seerosenteich verbirgt. Auch da heißt es: Näher hinsehen, denn dahinter oder darunter kann sich etwas ganz anderes verbergen. Der Imaginierende kann in den Seerosenteich hineinspringen, er kann aber auch nur die Füße im Wasser baumeln lassen, einen Schluck von dem Wasser trinken oder sich die Hände oder das Gesicht waschen. Wie er möchte. Es ist ganz wichtig, bei diesem so kreativen Prozess keine Anweisungen zu geben, denn niemand weiß, was kommt, und ich und mein Gegenüber müssen dafür ganz offen sein und bleiben.

Als Begleiter erlebe ich manchmal einen kritischen Punkt, wenn sich die Mimik meines Gegenübers verändert oder wenn jemand plötzlich vor Angst und Stress zu schwitzen beginnt und rot im Gesicht wird. In solchen Sitzungen ist die Palette der Gefühle sehr groß – vom freudigen Gefühl großer Freiheit bis hin zu Tränen oder Wut. An einem solchen neuralgischen Punkt hole ich den Klienten zurück, bitte ihn, die Augen zu öffnen und mit mir über das Erlebte zu sprechen. Zum Glück kommt das eher selten vor, wenn wir die Imagination als Stärkung der Persönlichkeit und Suche nach der Sehnsucht und dem Sinn anwenden.

In der Regel sind die Imaginierenden hinterher aufgeladen mit einem Gefühl der Stärke, der Erleichterung, um eine Erkenntnis reicher, die sie in Zukunft immer wieder abrufen können. Sie können jedoch auch eine *existenzielle Erschütterung* erfahren, die eine sehr klärende Wirkung für ihren weiteren Lebensweg hat, da sie sich ins Positive wenden kann.

Die **Methode der Imagination** hilft, Menschen auf der Suche nach ihrer Sehnsucht zu unterstützen, aber auch um ihr Vertrauen zu sich und ihre Sicherheit zu stärken. Dies sind Potenziale, die jeder Mensch in sich trägt. Man kann die Imagination auch dazu verwenden, um seine eigenen starken inneren Begleiter kennenzulernen. Ich kann meinen mutigen, meinen kreativen, meinen liebenden inneren Anteil in Form einer inneren Begleiterin oder eines inneren Begleiters erfahren. Dies ist eine starke Person, die ich mit mir konfrontieren kann. Ich kann ihre Ausstrahlung, ihre Kraft spüren und mich von ihr führen lassen.

In einem weiteren Schritt kann ich meine starke Persönlichkeit fragen:

> Wie ist es, wenn dieses starke Ich jetzt die Hand auf dein Herz legt? Welche Kraft fließt da in mein Herz? Wird es ruhiger oder lebendiger?

> Kann ich dieser starken Person in die Augen schauen, in die Tiefe ihrer Augen? Was sehe ich in der Tiefe der Augen?

> Die Welt, über die wir in uns verfügen, ist riesig. Sie hat viele Zugänge zur Klärung und Stärkung, egal für welches Thema und welches Problem.

Eine kleine Anleitung, selbst zu imaginieren

1. Wer nun selbst eine Imagination durchführen möchte, sollte sich dazu einen ruhigen Platz suchen, an dem er sicher für einige Zeit ungestört ist. Das kann in der Geborgenheit eines Raumes sein oder auch an einem guten Platz in der Sonne oder in der Ruhe des Waldes.

2. Stellen Sie sich dazu als Einstieg vor, dass Sie ein starker, warmer Sonnenstrahl umflutet. Das öffnet den Geist und hilft, diesem Samen in uns – um die Baum-Metapher wieder zu gebrauchen – sich zu entfalten. Sie können auch die Hände wie einen Trichter hochnehmen. Das mache ich gerne, um das Sonnenlicht über meinem Kopf aufzufangen. Sie können das zum Beispiel machen, indem Sie hinausgehen, sich auf eine Bank setzen und von der Sonne bescheinen lassen. Dann sollten Sie langsam ein- und ausatmen, die Augen schließen und die Bilder in Ihrer Tiefe suchen.

3. Lassen Sie sich überraschen, was Ihnen jetzt geschenkt wird! Vielleicht ein Gefühl der Ruhe und Wärme oder auch das Bild einer Landschaft. Es kann auch ein innerer Begleiter sein, oder Sie können eine Stimme vernehmen, die Ihnen einen stärkenden Gedanken weitergibt.

Voraussetzung für eine gelingende Imagination ist immer, dass sich der Imaginierende öffnet, dass er vertraut, etwas wagt und Erfahrungen sammeln möchte. Das fällt Menschen, die sich zum ersten Mal auf eine Imagination einlassen, oftmals schwer, da ihnen die eigene Innenwelt zunächst fremd erscheint. Wie im Alltag auch, kommt es dann oft zu übermäßigem Reflektieren und Kontrollieren. Enttäuschte Erwartungen und möglicherweise auch Ängste sind die Folge. Dem lässt sich vorbauen, indem Sie sehr liebevoll ein positives Ziel Ihrer inneren Wanderung formulieren oder mit einer längeren Entspannungsphase starten. Ebenso entscheidend ist manchmal der Blickwinkel: Oftmals ist es hilfreich, den Blick zu weiten und nicht nur die vordergründigen und offensichtlichen Symbole zu betrachten. Eine Reise in die innere Welt ist spannend und bereichernd, aber auch nicht immer einfach. Der Imaginierende muss sich manchmal auch unangenehmen Herausforderungen stellen, wobei er dabei viel über sich selbst erfährt. Wir setzen die Imagination nicht nur zur Stärkung der Persönlichkeit ein, sondern sie ist uns auch eine große Hilfe in der Begleitung therapeutischer Prozesse.

Haben Sie das *Ziel* Ihrer inneren Reise erreicht, erkennen Sie das daran, dass Sie von der dazugehörigen Gefühlskraft ausgefüllt werden. Hier ist es besonders wichtig, dass Sie sich genügend Zeit nehmen, dieses Gefühl und die damit verbundenen Erfahrungen auf sich wirken zu lassen. Auch das anschließende Wiederauftauchen aus der inneren Welt braucht Zeit und sollte nie überhastet sein. Danach können Sie die Bilder Ihres Unbewussten mit Ihrer bewussten Welt in Verbindung bringen und so das Gesehene, die Erfahrungen und Eindrücke ins echte Leben übersetzen.

Ich empfehle meinen Klienten, anschließend nicht sofort ins »normale« Leben zurückzukehren. Am besten sollten Sie sich

Zeit nehmen, das Erlebte aufzuschreiben oder zu malen oder anders darzustellen. Das vertieft das Erlebte, und man kann später viel leichter wieder an die Erfahrungen anknüpfen.

KAPITEL 7

Veränderung leben

»Die größte Offenbarung ist die Stille.«

LAOTSE

Wer einen Schnitt machen und sein Leben neu ausrichten möchte, kann dazu verschiedene Methoden wählen. Lesen Sie hier meine Favoriten. Um sie zu nutzen, sollten Sie allerdings als Erstes in die Ruhe kommen.

Der französische Philosoph Blaise Pascal (1623–1662) schrieb einmal: »Wenn ich es mitunter unternommen habe, die mannigfache Unruhe der Menschen zu betrachten, sowohl die Gefahren wie die Mühsale, denen sie sich, sei es bei Hofe oder im Krieg, aussetzen, woraus so vielerlei Streit, Leidenschaften, kühne und oft böse Handlungen usw. entspringen, so habe ich oft gesagt, dass alles Unglück des Menschen einem entstammt, nämlich dass sie unfähig sind, in Ruhe allein in ihrem Zimmer bleiben zu können.«[8]

---

8 Blaise Pascal, Pensées, Nr. 179, zitiert aus Drewermann, »Strukturen des Bösen«, Teil 3, XXVI.

Besser kann man, damals wie heute, kaum unsere Getriebenheit und Unruhe beschreiben.

Es ist der Schlüssel zu Entwicklung, Klärung und Veränderung, dass wir zuerst einmal Ruhe in unseren aufgewühlten Kopf, in unser verwirrtes Herz, in unser turbulentes Leben einziehen lassen.

Dazu gibt es viele Anleitungen und Ratgeber, ich möchte Ihnen hier nur **zwei Elemente** aus meinem ganz persönlichen Weg anbieten:

Versuchen Sie, **mehrmals am Tag innezuhalten** und still zu werden. Ganz egal, wann und wo Sie gerade sind. Immer wieder eine Minute »runterfahren«, das ist oft mehr wert als ein ganzes Wellness-Wochenende.

Atmen Sie durch, verändern Sie Ihre Position – stehen Sie auf, oder setzen Sie sich hin, bleiben Sie beim Autofahren kurz stehen, oder gehen Sie eine Runde um den Block. Vor allem atmen Sie aus, damit Sie alles, was Sie gerade beschäftig, und belastet, loswerden können.

Natürlich sind zwanzig Minuten Stille, eine Morgenmeditation oder eine Ruhepause zu Mittag noch besser, aber beginnen Sie ruhig mal klein. Sie werden merken, wie wichtig diese Momente sein können, und Sie werden sie ganz von selbst immer mehr ausweiten.

Wenn Sie diese Pausen etwas trainieren, wird sich Ihr ganzer Körper dafür bedanken. Der Puls wird ruhiger, der Blutdruck sinkt, und die Flut der Gedanken macht Pause.

Viele medizinische Studien aus der ganzen Welt bestätigen, dass Mediation positiven Einfluss auf unsere Gesundheit hat. Und solche Pausen sind die Chance, dass wir uns freimachen und entwickeln, dass wir unsere innere Stimme der Kreativität und des Mutes wieder vernehmen.

Neben diesen kleinen »Stopp-Pausen« ist der **Blick auf die**

Natur und der Kontakt mit ihr mein zweiter Hinweis für Sie auf dem Weg zu Ihren ganz persönlichen Werten und Ihrem Sinn.

Die Natur ist immer da und zeigt uns – wenn sie nicht ganz »gestaltet« ist –, wie vielfältig, wie lebendig, wie dynamisch das Leben ist. Nicht nur im Frühling, auch im klirrenden Winter entdecken wir die Kraft des Lebens, die vielleicht gerade nur innehält und auftankt.

Beobachten Sie die vielfältigen Blätter nur eines Baumes oder die Gestalt einer ganz kleinen Blüte, und lassen Sie das auf sich wirken. Auch ein Berg, eine Hügellandschaft oder das Meer haben in sich die ganz natürliche Botschaft des Wechsels von Lebendigkeit und Ruhe, von Entwicklung und Erholung.

Verbinden Sie sich – wie unser Symbol des Baumes – ganz tief mit der Kraft der Erde, die Ihnen Stabilität, Nahrung und Sicherheit gibt, und strecken Sie sich aus nach der Sonne und dem Wind, um Leichtigkeit, Lebendigkeit und Freiheit zu spüren.

Vertrauen Sie mir: Wenn Sie das nur ein wenig üben, können Sie alle nötigen Kräfte abrufen, die Ihre innere Ruhe stärken und Veränderung möglich machen.

Nicht zu wenig — nicht zu viel

> *»Mehr als alle Lebens-Mittel braucht*
> *der Mensch einen Lebens-Inhalt, einen Auftrag,*
> *eine Bestimmung, um zu leben.«*
> Eugen Drewermann

Interessanterweise hat – wie »Psychologie heute« in ihrer Mai-Ausgabe 2016 berichtet – eine Langzeitstudie der Forscher Terence Cheng, Nick Powdthavee und Andrew Oswald zur Lebenszufriedenheit ergeben, dass die Zufriedenheit in der Jugend am höchsten ist und danach stetig abnimmt. Mit Anfang vierzig hat sie ihren tiefsten Punkt erreicht und steigt danach wieder langsam an. Und erst im Pensionsalter empfinden Menschen ihr Leben wieder ähnlich freudig wie in der Jugendzeit, wenn Beruf und Familie nicht mehr so im Vordergrund stehen.

Viele Menschen kommen zu uns in die Beratung auf der Suche nach Zufriedenheit und Erfüllung. Sie suchen nach sich selbst, wenn sie sagen »Mein Job höhlt mich aus« oder »Meine Ehe ist kaputt«.

Ein Beispiel: Erzählt mir jemand, dass er im Job nicht wertgeschätzt werde, sich überfordert und erschöpft fühle, frage ich ihn: »War das schon immer so?« Und: »Ist das, was Sie tun, das, was Sie wirklich tun wollen?« Manche sagen dann, sie brauchen nun mal den Job, weil sie gerade ein Haus gebaut haben … Ich hoffe oft vergeblich, dass sie »nicht wirklich« ergänzen. Da ich gerne weiterfragen würde: »Spüren Sie mal hin, was Ihre tiefe Sehnsucht ist.« Oder: »Was war Ihre Vision vom Leben? Warum haben Sie Ihren Beruf gewählt?« Manche antworten: Sie hätten ihre Ausbildung gemacht, weil der Vater das schon gemacht oder verlangt habe, um so seine Aufmerksamkeit und Liebe zu gewinnen. Das führt dann oft vom Bereich »Aufgabe« in den Bereich des »Du«.

Viele Menschen machen ihren Job nicht nur zum Geldverdienen, sondern weil sie stark auf das Du ausgerichtet sind, weil sie denken, dass ihr Vater oder eine andere wichtige Bezugsperson nur so mit ihnen zufrieden sind und sie deshalb geliebt werden.

Hat sich im Gespräch die Problematik in Richtung »Du« verlagert, stelle ich meine nächste Frage: »Wie geht es Ihnen in Ihrer Beziehung? Wer sind Ihre Freunde, mit wem kommen Sie gut aus?« Oft hat dieser Mensch nur ganz wenige gute Beziehungen – auch die zu seiner Partnerin ist nicht so toll.

Nun sind wir ganz bei der »Beziehung zum Ich«, und ich frage: »Was ist Ihnen wirklich wichtig? Wo leben Sie sich?« Und die Antwort ist sehr häufig: »Ich lebe mich nicht.« Oft höre ich dann von vernachlässigter Gesundheit und dass Lebensfreude und Hobbys unterbelichtet sind.

Dann schiebe ich die Frage nach: »Was ist Ihre Sehnsucht? Was würden Sie tun, wenn Sie einen Tag Auszeit hätten?« Und damit kommen wir zum eigentlichen Kern der *Leere* dieses Menschen. Er könnte sie auffüllen, wenn er sich den entscheidenden Fragen stellt: »Wer bin ich wirklich, und was will ich werden? Was ist meine Berufung in dieser Welt, in diesem Leben, in dieser Familie, in dieser Arbeit …?«

Bei einem solchen Beratungsprozess geht es auch viel um *Dereflexion*, um Neu-Orientierung, Loslassen, manchmal sogar um Ablenkung. Denn befindet sich jemand in einer persönlichen Krise, neigt er gerne zur »Hyperreflexion«. Das ist der Fachbegriff für ein übermäßiges, ja fast manisches Nachdenken über ein Thema oder Problem. Auch ein verkrampftes Festhalten einer nicht mehr lebenswerten Situation gehört dazu. Auch zwanghaftes Wegschauen kann dieselbe Wirkung haben.

Für das Loslassen hilft zum Beispiel die Frage: »Wie geht es dir in dieser Welt?«, um dem Leben jenseits des Jobs wieder mehr Aufmerksamkeit zu schenken.

Wenn Sie sich in einem Moment der Hyperreflexion befinden, kann eine der folgenden Übungen helfen und neuen Freiraum in Ihren Kopf bringen:

Wenn Ihre Grübelschleife wieder beginnt, fragen Sie sich, ob es heiß oder kalt ist.

Oder: Spüre ich meinen Atem?

Oder: Welche Gerüche und Geräusche nehme ich wahr? Und: Was denke ich gerade?

Dann: Wie geht es mir dabei, welches Gefühl ist gerade da? Mit diesen scheinbar absurden Fragen kommen Sie auf den Boden zurück und werden wieder handlungsfähig. Weil Sie Ihre Umgebung wahrnehmen und das Gefühl, Ihre Gedanken wertschätzen, und darum geht es, es möchte Ihnen etwas mitteilen, deswegen ist es da.

Grundsätzlich geht es darum, dass Sie in die *Rolle des Beobachters* kommen. Eine solche Metaposition kann helfen, die Fähigkeit, mich von mir selbst zu distanzieren, kreativ für mich einzusetzen

Auch sehr hilfreich, wenn es im Dialog mit anderen eng wird, ist die sogenannte *First-Aid-Toilet*-Übung. Sie lässt sich auch im Geschäftsleben, etwa in einem Meeting, anwenden, weil es einem niemand verwehren kann, auf die Toilette zu gehen. Auch wenn Sie nicht aufs Klo müssen, machen Sie dort eine Minute Pause, und atmen Sie tief durch. So können Sie runterkühlen. Nutzen Sie das, wenn in Situationen mit anderen scheinbar nichts mehr geht. Sie werden merken, dass es leichter wird, und grinsen Sie sich eins in der wunderbaren Pause auf dem Klo. Vielleicht kommen Sie sogar mit einem Lächeln zurück.

Altes los- und sich auf Neues einlassen

» Um klar zu sehen,
reicht oft ein Wechsel der Blickrichtung.«
ANTOINE DE SAINT-EXUPÉRY

Seinen Sinn aufzuspüren ist die eine Sache, aber oftmals ist es notwendig, Altes erst einmal aufzulösen. Nur so gelingt es, sich wirklich und ohne Altlasten auf Neues einzulassen. Haben wir uns selbst erkannt, und kennen wir unsere Sehnsucht, können wir nun versuchen, uns von Altem zu lösen, um zu neuen Horizonten aufzubrechen und damit Sinn und Erfüllung in unserem Leben zu finden. Das funktioniert, indem wir dem Sinn nachspüren und dabei erkennen, was zu tun ist, und auch mit Alternativen spielen. Dazu muss ich mich fragen, was für Alternativen ich habe, und muss diese ausprobieren.

Oftmals können wir aber keine neuen Wege beschreiten, weil wir das Alte nicht aufgelöst haben, weil wir wieder und wieder im Gleichen hängenbleiben.

Sie kennen das vielleicht in Beziehungen, wo sie immer wieder mit denselben Punkten konfrontiert werden. Die gemeinsame Vergangenheit klebt wie Kaugummi an uns, wir müssen sehr stark sein, uns von ihm zu befreien. Das können die wenigsten, viele hängen in alten Verletzungen, die unsere Entwicklung und damit unser Vorankommen lähmen.

Bei einer Imagination könnte solches sichtbar werden, hilfreich freilich nur, wenn nicht auf das Negative, auf den Schmerz gesehen, sondern dieser aufgelöst wird. Dafür biete ich eine Lösung im nächsten Abschnitt.

Mein Modell: Versöhnung führt zu neuen Möglichkeiten — in sieben Schritten

> *» Wenn du vergibst, änderst du in keiner*
> *Weise die Vergangenheit, aber du änderst*
> *ganz sicher die Zukunft.«*
> BERNARD MELTZER

Mein Modell in sieben Schritten möchte helfen, Altes durch Verzeihen und Versöhnen loszulassen.

Schritt 1 – wie auch Schritt 7 – ist die Grundlage jeden Veränderungsprozesses:
Ich muss wissen, **wofür** ich etwas verändere. Das Ziel, der Wert der Veränderung muss mir klar sein, sonst verlassen mich bald die Freude und der Mut, und es packt mich die Panik, der Frust, und ich trau mich nicht und halte das, was ich möglicherweise in einem inneren Bild gespürt oder entdeckt habe, für nicht realisierbar.

Schritt 2:
Ich muss die **Themen**, die mir wichtig sind, möglichst differenziert angehen. Das heißt, es geht nicht um meine vielleicht schwierige Kindheit ganz pauschal, sondern um ein gezieltes Thema. Etwa, dass jemand als sechsjähriges Kind von seinem Großvater mit den Worten: »Das schaffst du nie!« ganz bewusst oder auch nur unbewusst abgewertet wurde. Diese Erkenntnis brauche ich, denn genau das ist es, was ich loslassen muss, weil es mich über die Jahre so blockiert hat, dass ich mir nie etwas richtig zugetraut habe. Und jetzt – nachdem ich zum Beispiel in meinem Job gescheitert bin – erkläre ich beharrlich,

dass ich nichts schaffe! Das lässt sich ändern, Sie können diesen Kaugummi, an dem Sie festkleben, loswerden.

Es hilft, wenn Sie sich eine Liste machen, mit allen kleinen und großen Themen, die Sie so gefangen halten. Schreiben Sie die einfach mal auf. Meist springt einem dann eines ins Auge, das es jetzt gerade zu behandeln gilt. Und manchmal lösen sich dann viele Themen gleichzeitig, wenn man nur eines bearbeitet.

Schritt 3:

Ich muss bereit sein, mich zu **versöhnen**. Dies ist wahrscheinlich der schwierigste Schritt und kostet Überwindung. Doch ohne Versöhnung mit dem Alten bleibt mir oft das Neue verschlossen.

Versöhnen heißt nicht, ich muss alles akzeptieren, aber ich muss der- oder demjenigen, der dieses Thema in mich »einpflanzte«, verzeihen und mich mit ihm versöhnen, damit ich es hinter mir lassen kann.

Dazu kann ich Rituale verwenden: Beispielsweise einen Brief an den Großvater, der mich einmal so verletzte, schreiben, den ich dann wegwerfe, eingrabe oder anzünde. Ich kann auf den Friedhof gehen oder in den Wald und das Ganze herausschreien. Ich darf dabei auch wütend werden. Damit ist das Thema noch nicht komplett weg aus meinem Leben, es wird zyklisch wiederkehren: an einem bestimmten Datum, einem bestimmten Ort, einem Ereignis, aber es gelingt mir so, diesen Schmerz leichter und leichter werden zu lassen. Wenn ich das wieder und wieder mache, tritt Heilung ein.

Schritt 4:

Hier frage ich mich, wofür ich **dankbar** sein kann, um in der Gegenwart anzukommen. Was habe ich durch das, was der Großvater so verletzend sagte, gelernt?

Wofür kann ich ihm dankbar sein – und, noch wichtiger: Wofür kann ich mir selbst dankbar sein, und was habe ich daraus gelernt? Denn mein heiler Kern und damit ein Teil meines Selbst hat das alles durchgestanden und diesen Totalangriff auf meinen Selbstwert überlebt. Da gibt es also auch einen ganz starken Teil in mir!

Schwierig wird das, wenn ich von jemandem abhängig bin, wenn ich ihm nicht aus dem Weg gehen kann. Denn zum Heilen braucht es eine bestimmte Distanz, um vom Opfer zum Schöpfer zu werden. Nur so kann ich zum Gestalter meines Lebens werden.

Belastend kann es auch sein, wenn das Thema mit jemandem zu tun hat, der schon lange gestorben oder für mich nicht mehr erreichbar ist: Seien Sie sich bewusst, dass es nicht so sehr um die Auseinandersetzung mit einem konkreten Ereignis oder einer Person geht, sondern um das, was Sie damals hat »überleben« lassen. Welche Kraft hat Sie inzwischen auf Ihrem Lebensweg weitergebracht? Was haben Sie gelernt? Was wollen Sie heute loslassen? Und wohin soll Ihr Weg jetzt führen? Es mag schlimm gewesen sein, aber jetzt trage ich das nicht mehr weiter mit mir herum. Ich habe gelernt! Und dafür bin ich dankbar!

Schritt 5:

Jetzt geht es um das endgültige **Verabschieden** und **Loslassen**. Jetzt geht es darum, diesen alten Kaugummi, der mich festhält, zu durchtrennen und zu sagen: Schluss! Das ist eine bewusste Entscheidung. Und das ist ein Punkt, an dem unser Prozess der Verabschiedung Ähnlichkeiten mit einer Begräbnisfeier besitzt: Erst gehe ich hinter dem Sarg her, dann stehe ich vor dem offenen Grab, und nun muss ich sagen, dass der Sarg in die Tiefe gesenkt werden soll. Dieser Prozess – keine Frage – ist ein sehr schmerzhafter: Weil Sie eine Entscheidung treffen, und diese ist definitiv. Sie brechen damit definitiv mit Ihrem alten Leben – oder zumindest mit etwas Altem in Ihrem Leben – und machen sich auf zu neuen Horizonten.

Und je öfter wir das üben, desto leichter fällt es uns. Desto mehr Sicherheit bauen wir auf, dass dann auch alles gut wird. Was ist unsere größte Hürde? Richtig, die Angst vor dem unbekannten Glück. Denn viele von uns verweilen lieber beim bekannten Unglück. Außerdem widerstrebt es uns, uns zu verabschieden, weil wir aus Sicherheitsgründen alles unter Kontrolle behalten wollen. Doch an diesem Punkt müssen wir die Kontrolle aufgeben, das ist, wie von einem Zehn-Meter-Brett zu springen. Da hätten wir gerne jemanden, der uns diesen Schritt abnimmt.

Schritt 6:

Nun müssen wir **aufbrechen**, was bedeutet, wieder in Bewegung zu kommen: In manchen Situationen in unserem Leben würden wir uns am liebsten selbst zu dem Sarg in die Grube legen. Aber wenn die Beerdigung zu Ende ist, beginnen sich alle wieder zu bewegen und begeben sich zum Leichenschmaus. Da sammeln alle wieder ihre Kräfte und versuchen, ins Leben zurückzukehren. Vielleicht kommt jetzt auch Freude auf und das Gefühl, ein Stück Freiheit gewonnen zu haben.

Schritt 7:

Dieser letzte Schritt, das **In-Bewegung-Kommen**, funktioniert nur mit dem ersten Schritt, den Sie sich jetzt wieder vor Augen halten sollten: Ich muss wissen, **wofür** und **wohin** ich mich verändere. Ansonsten bleibe ich stehen, starr und leer. Und wenn ich die Antwort meines Geistes gehört habe und mein Wofür kenne, kann ich mich aus eigener Verantwortung in Bewegung setzen. Und Frankl schreibt in »Trotzdem Ja zum Leben sagen«: »Leben heißt letztlich eben nichts anderes als: Verantwortung tragen für die rechte Beantwortung der Lebensfragen, für die Erfüllung der Aufgaben, die jedem Einzelnen das Leben stellt, für die Erfüllung der Forderung der Stunde.«

Mit diesem Sieben-Schritte-Plan gelingt es Ihnen, sich dieser Verantwortung zu stellen. Nachdem Sie einen solchen Prozess und auch den des Wert- und Sinnfindens durchlebt haben, müssen Sie diesen Aufwand wieder vergessen, wieder zum normalen Tun zurückkehren. Ähnlich wie ein Musiker, der übt: Er zerlegt ein Stück in verschiedene Takte, die er oft Hunderte Male übt und übt und übt. Er prüft dabei seine Stellung, den Bogen, den Lauf. Wenn er dann jedoch im Konzert spielt, muss er all das Üben vergessen, sonst heißt es: »Gute Technik, aber keine Emotion.« Er muss zu seiner Emotion, zu seiner Leichtigkeit und Lebendigkeit zurückfinden.

»Da denk ich nicht mehr«, sagte etwa der legendäre österreichische Skifahrer Franz Klammer, als ihn Journalisten befragt haben, wie er es schaffe, eine so halsbrecherisch gefährliche Abfahrt wie die Kitzbühler Streif in Rekordzeit zu meistern. Wenn er weiß, was er kann, kann er seine Angst bezwingen, die Erinnerung an vergangene Unfälle hinter sich lassen und sich auf den Jubel fokussieren, der ihn hoffentlich am Siegerpodest erwartet.

Sich von der Sache leiten zu lassen, das ist auch die richtige Einstellung, wenn es um den Sinn im eigenen Leben geht. Nur so kommt man in den von dem amerikanischen Psychologen Mihály Csíkszentmihályi beschriebenen *Flow-Zustand*, der sich vergleichen lässt mit dem eines spielenden Kindes, das ganz bei sich ist. Csíkszentmihályi kam nach Beobachtung verschiedener Lebensbereiche vor allem von Chirurgen und

Extremsportlern zu der Erkenntnis, dass wir, wenn wir uns voll und ganz auf eine Aufgabe konzentrieren, die uns Spaß macht und sinnvoll erscheint, in eine Art Selbstvergessenheit geraten.

Heute wird seine Theorie für jede Art geistiger Aktivität als idealer Arbeitszustand angesehen. Wer den Flow erlebt, empfindet sich als kreativ und kann die Erwartung auf Erfolg loslassen. Zugleich ist er frei von Sorge und Angst um sich selbst oder das eigene Ansehen. Und als positives Ergebnis schüttet der Körper in einem solchen Schaffens- und Erlebniszustand Glückshormone aus.

Mein Lebensweg — gestern, heute, morgen

>*Es ist nicht schlimm, ein Ziel nicht zu erreichen.*
Viel schlimmer ist es, kein Ziel zu haben.«
VIKTOR FRANKL

Ein weiterer möglicher Schritt, um bei der Suche nach dem Sinn Klarheit zu bekommen, ist, sich seinen Lebensweg anzusehen. Er ist eine Alternative zum Imaginieren, für Menschen, die gerne prozesshaft vorgehen.

Auch dafür gibt es sinnvolle Fragen:

Was hat mich bisher begleitet?

Was ist mit wichtig?

Was von dem soll mich in Zukunft begleiten, weitertragen, stützen?

Lassen Sie Ihrer Fantasie freien Lauf, lassen Sie sich von der großen Freiheit keine Angst machen, denn wie sagte der dänische Philosoph Sören Kierkegaard: »Die größte Angst ist der Schwindel vor dem Abgrund der Freiheit.« Haben Sie den Mut, und lassen Sie sich darauf ein: Nur so schaffen Sie es, aus Ihrer Selbstbeschränkung zu kommen. Und bei allen diesen Übungen gilt: Innehalten!

Diese Analyse können Sie auf unterschiedlichen Wegen vornehmen. Sie können sie aufschreiben, besser aber ist es, die Stationen und Dinge, die Ihnen wichtig sind, zu malen oder zu zeichnen.

Sie können den **Fluss Ihres Lebens** darstellen. Dabei sollten Sie sich fragen:

Wie sah der Fluss meines Lebens bislang aus?

Wo entsprang er, oder ist es nur ein Bach?

Gab es Quellen, Stromschnellen, Hochwasser, einen Wasserfall?

Trieb mein Fluss Mühlen an, oder schwammen Schiffe darauf?

Gab es Flößer, Schleusen?

Wo befindet sich mein Lebensfluss, und wohin führt er?

Ich kann das Ganze auch als den **Wanderweg meines Lebens** skizzieren – vom Elternhaus, über den Kindergarten, die Schule, den Studien- oder Ausbildungsplatz, den Job, das eigene Heim, die zukünftigen Stationen. Vielleicht verläuft Ihr Wanderweg entlang von Wäldern und Wiesen, er kann auch mal zu einer anstrengenderen Bergtour werden, bei der der Anstieg steil ist, der Weg gefährlich.

Braucht es dazu eine Wanderkarte oder einen Bergführer?

Ist das Ziel der Gipfel oder ein Schutzhaus, und wo sind Sie gerade auf Ihrem Weg?

Geht es immer locker, ist das Wetter schön?

Kommen Sie in Unwetter, müssen Sie einen Bergsturz meistern?

Haben Sie genügend Kräfte für den Auf- und auch wieder für den Abstieg?

Haben Sie sich verirrt, und wer hat Ihnen geholfen?

Vielleicht trauen Sie sich auch zu skizzieren, wo Ihr Weg enden wird, welche Spuren Sie hinterlassen wollen und welche Besonderheit Sie mitnehmen wollen.

Sie könne auch das **Buch ihres Lebens** schreiben mit den Kapiteln »Mein Elternhaus«, »Meine Kindheit«, »Adoleszenz«, »Schulzeit«, »Ausbildung«, »Beruf«, »Beziehung« und so weiter. Bei dieser Möglichkeit sollten Sie sich fragen, was Sie aus den verschiedenen Kapiteln in Ihr zukünftiges Leben mitnehmen könnten und was unbedingt verändert werden sollte.

Und ein **Tipp**: Egal, ob Sie das Buch Ihres Lebens, den Fluss Ihres Lebens oder den Wanderweg darstellen, Sie sind nicht frei von Bedingtheiten. Vielleicht neigen Sie dazu, das rasch zu erledigen. Besser aber ist es, sich Zeit nehmen und so die einzelnen Kapitel, Etappen oder Fragen gut zu reflektieren und zu strukturieren, um sich klar über sich, sein Leben und seine Werte zu werden.

KAPITEL 8

Sinnsuche — ein ewig herausfordernder Prozess

»Es gibt nichts auf der Welt, das einen Menschen so sehr befähigte, äußere Schwierigkeiten oder innere Beschwerden zu überwinden – als: das Bewusstsein, eine Aufgabe im Leben zu haben.«
HANDSCHRIFTLICHE ANKÜNDIGUNG VON VORTRÄGEN VIKTOR FRANKLS IM LAGER THERESIENSTADT

Wer sich einmal mit dem Sinn auseinandergesetzt hat, ist damit nicht am Ende. Es geht im Leben immer weiter. Diese Tatsache sollte Sie nicht ermüden, denn es passiert dabei etwas ganz Wesentliches.

Richtig, wir werden nie ganz fertig mit diesem Prozess. Viktor Frankl meinte daher auch: Die Beantwortung und Erfüllung der Lebensfragen, und mit ihr der Sinn des Daseins, wechsle von Mensch zu Mensch und von Augenblick zu Augenblick. Wir kommen immer wieder an etwas, das sich in neuer Schattierung zeigt. Möglicherweise, so meine Erfahrung, kann das gleiche Thema unendlich oft auftauchen. Doch, seien Sie versichert:

Wenn ich mich der Dynamik, der Resilienzkraft des Geistes, aussetze, passiert etwas. Dann passiert Heilung. Denn mehr und mehr werde ich ganz, was etwas anderes ist als Gesundwerden.

Es gibt nicht das Entweder-Oder, sondern es ist immer sowohl als auch. Wir sind gesund und krank zugleich. Durch die Auseinandersetzung mit Sinn, mit unserem Wofür, gelingt es uns, unserem »existenziellen Vakuum« zu begegnen und es zu füllen. Wir fühlen uns dann angekommener und freudiger. Damit sind wir positiver gestimmt und können dem Leben stärker entgegentreten und uns an ihm erfreuen.

Welche Aufgabe der Einzelne zu bewältigen hat, das kann nur er beantworten. »Nie kann also der Sinn menschlichen Lebens allgemein angegeben werden, nie lässt sich die Frage nach diesem Sinn allgemein beantworten«, sagt Frankl. »Das Leben, wie es gemeint ist, ist nichts Vages, sondern jeweils etwas Konkretes, und so sind auch die Forderungen des Lebens an uns jeweils ganz konkrete. Diese Konkretheit bringt das Schicksal des Menschen mit sich, das für jeden ein einmaliges und einzigartiges ist.«

Der Prozess allerdings, der uns beim Finden von Sinn begleitet, ist immer der gleiche: Zuerst gilt es innezuhalten, damit wir dem Geist lauschen und ihn hören können. Somit befindet sich am Anfang des Prozesses immer das Sammeln von Erkenntnissen. Danach kommt das Analysieren, das Aus- und Bewerten der Ergebnisse, um den bisherigen Weg zu überdenken und Impulse für neue Richtungen und damit für die Veränderung zu erhalten.

Wissen wir jetzt, wohin die Reise geht, müssen wir ins Tun kommen, das heißt, wir müssen uns in Bewegung setzen – und davor, wie beschrieben, vielleicht verzeihen und loslassen …

Vom Sinn der Situation zum Sinn des Lebens

Viktor Frankl lehrt uns, dass die Frage nach dem Lebenssinn nicht so schnell zu beantworten ist. Wir können uns ihr nur nähern.

Beginnen dürfen wir bei der **Betrachtung des Sinnes jeder kleinen Situation** in unserem Leben. Es gilt, die einzelnen Situationen nicht nur zu leben, sondern sie zu er-leben. Das heißt, in den kleinen Dingen das Wertvolle wahrnehmen, das sehen, was dort entsteht, und auch ganz bewusst erkennen, was ich dort erfahren und erleben kann. Bei sich zu sein, ist wichtig und sind Bausteine für meinen Lebenstempel, für ein sinnerfülltes Lebensgebäude zu sammeln. Auch die Situationen, die vielleicht nicht ganz gelungen sind, sind Bausteine in diesem Gebäude, wenn ich sie als Trainingseinheit wahrnehme und nicht als Belastung. Das baut auch Burnout vor.

Und immer wieder geht es darum, innezuhalten, Tempo rauszunehmen und zu sehen, zu hören und zu fühlen. Es sind selten die großen, viel öfter die ganz kleinen Situationen meines Lebens, die es sinnvoll machen. Auch wenn der Tag noch so schlecht verlaufen ist, der Austausch im Team mühsam war, kann das Lächeln der Busfahrerin, das goldene Herbstlaub oder ein wärmender Sonnenstrahl all das ausgleichen. Dies zu erkennen und zu leben beugt außerdem vor, dass die Wurzeln meines Lebensbaums marode und der Stamm morsch werden, und die Krone Blätter verliert und kärglich wächst.

Sinnvolles Leben oder der Lebens-Sinn ergibt sich als Summe vieler kleiner Situationen, die wir als wertvoll erkannt haben.

Auch im letzten Atemzug haben wir noch die Chance, versöhnend zurückzuschauen und zu erkennen, dass wir hoffentlich mehr beschenkt als beraubt, mehr erfreut als verletzt, mehr geliebt als verletzt wurden.

Und wenn wir manchmal meinen, dass unsere Sinn-Bilanz negativ ausfällt, dass wir wenige tragende Bausteine gesammelt hätten, dass ja so gar nichts Sinn gemacht hätte, dann sollten wir sehr mut- und vertrauensvoll dagegensetzen: Auch wenn wir es gerade nicht erkennen und erspüren können, Leben ist per se unendlich sinnvoll! Dies ist eine Annahme, die ich ganz mit Frankl, nicht infrage stellen lasse.

Daran manchmal zu zweifeln ist menschlich. Gerade in großem Leid oder bei einem schwerwiegenden Verlust. Doch dann gilt es, wieder zu trotzen und der Dynamik des Geistes zu vertrauen: Es macht unbedingt Sinn, dass ich da bin, auch wenn die Situation gerade sehr schwer sein mag. Leben, und etwas anderes habe ich nicht, hat ein Wofür, für das zu leben und zu sterben es sich immer auszahlt!

KAPITEL 9

Sinn macht Mut — Beispiele aus der Praxis

»Die Wunde ist die Stelle, wo das Licht in dich eintritt.«

RUMI

In unserem interdisziplinären Team im Salzburger SinnZEN-TRUM begegnen uns Menschen mit ihren verschiedensten Lebenshintergründen und Fragestellungen. Sie alle sind in irgendeiner Form auf der Suche nach sich, nach dem Sinn. Manchmal in der ganz konkreten momentanen Situation oder auch im großen Bogen ihres Lebens. Einige Fragestellungen und wie wir uns einer Lösung genähert haben, möchte ich Ihnen hier vorstellen. Um die Integrität der Klienten in den Beispielen zu wahren, habe ich diese anonymisiert und leicht modifiziert.

Wiederentdeckte Lebensfreude: »Ich glaube an mich«

Er hatte als Architekturdozent ein gutes Leben, und dennoch konnte Peter C. (40) nachts nicht schlafen. Er fühlte sich in einer aussichtslosen Lage, in einer Art Burnout gefangen. Sein

Vater hatte sich, als er zehn Jahre alt war, das Leben genommen, die Mutter war krank. Und obwohl er zwei Brüder hatte, wovon einer eine diagnostizierte psychische Störung hatte, kümmerte vorwiegend er sich um sie. Eine dauerhafte Partnerin gab es nicht in seinem Leben.

Als ich Peter C. das erste Mal sah, dachte ich spontan, klassischer Fall von Midlife-Crisis. Er erzählte mir, dass er sich soeben ganz spontan ein Jahr unbezahlten Urlaub genommen hätte, weil er sein Leben nicht mehr aushalte. Gerade würde er sich freudig auf einen Segeltörn mit Freunden vorbereiten, der in drei Wochen starte.

Grundsätzlich wollte er von mir wissen, was er das Jahr über tun könne, um wieder auf die Beine zu kommen. Um diese »Angst vor der Leere«, wie er es nannte, abzuschütteln und das Jahr nicht »mit irgendwelchen Oberflächlichkeiten« zu füllen.

Ich fand das sehr positiv, dass er sich dieses Jahr Pause gönnte, und riet ihm, sich bis zur nächsten Sitzung Gedanken zu machen, was er – neben nötigen Utensilien – alles auf das Boot mitnehmen wollte und was er zurücklassen könne. Das solle er aufschreiben und bewusst dann die ausgesparten Themen, Sorgen, Gedanken, Gefühle, zu Hause lassen.

In der folgenden Sitzung war er ganz aufgeregt, er erzählte, dass eine alte Freundin auch mitkäme, seit drei Tagen wüsste er davon.

Wir schauten uns dann an, was er aufgeschrieben hatte, was ihn derzeit viel Kraft koste und was er gerne zurücklassen wolle. Vieles war ihm eingefallen, doch er konnte keine Prioritäten setzen. Er brauchte also eine Wertehierarchie, denn im Moment war ihm alles gleichgültig, er lebte so dahin. Es waren zwar Werte da, aber es gab keinen »Leit-Wert«.

Den versuchten wir zu ermitteln, indem Peter C. hinspürte mit der Frage: Was ist mir wirklich wichtig? Architekturbüro, kreativer Job, eine eigene Familie, eine Weltreise? Als tiefste Sehnsucht formulierte er, dass er etwas in der Welt hinterlassen wolle, aber auch Beziehung und Geborgenheit seien ihm wichtig.

Ich bat ihn, Ausschau nach seinem »inneren Bauplatz« zu halten. Er solle mal nur entspannen und schauen, wo dieser Bauplatz wäre: wo immer er einen inneren Kraftort spüre, wo er sich aufladen könne. Darauf Peter C.: »Ja, das ist schon am Berg.« Und meine Gegenfrage war: »Wie ist es da am Berg? Gibt es da Wald ...«

Nein, meinte er, es sei über dem Wald ein immenser Weitblick. Hier sei es gut, hier fühle er Zuversicht und Sicherheit, spüre er Sonne, und die gäbe ihm Kraft. Dann fragte ich ihn, ob er dort einen Bezug zu seiner inneren Stärke habe. Er bejahte, und ich riet ihm nun, seinen »starken, ausgeglichenen Peter« wie einen Zwillingsbruder hinter sich treten zu lassen, und fragte ihn, wie sich das anfühle. Er meinte, er könne das fühlen, und da würde auch etwas zu ihm sagen: »Auf zu neuen Gipfeln.«

»Wo sind diese Gipfel?«, fragte ich zurück. Darauf Peter C.: »Es sind viele, und sie sind total schön.«

»Wie heißen die? Wo sind die?« Da sagte die innere Stimme zu Peter: »Das musst du auswählen.«

Damit bekam er aus seinem Innersten die Legitimation, auf neue Ziele zugehen zu dürfen und auswählen zu können, was gut wäre.

Damit ging er auf seinen Segeltörn, und ich bat ihn, doch mal die Augen offenzuhalten, was sich so täte, was er für Ideen bekäme.

Als er drei Wochen später braun gebrannt und strahlend zurückkam, erzählte er mir, er hätte vorn am Bug gestanden und übers Wasser geblickt, da hätte er wieder dieses Bild bekommen und den Ansporn, dass er ein tolles Gebäude bauen möchte. Er weiß nun, dass er sein eigenes Architekturbüro aufmachen wolle. Seine Zweifel seien weg, er wisse, dass er das könne.

Seine Jugendfreundin, mit der er auf dem Törn tatsächlich eine zarte Liebesbeziehung begonnen hatte, würde ihn unterstützen, meinte er. Sie gäbe ihm die Motivation, und weil er das Gefühl habe, dass sie an ihn glaube, könne er das auch. Als Erstes wolle er nun mit seinem Erbe, dem Haus der Mutter, starten. Das wolle er renovieren, die eine Hälfte vermieten, um die Kosten niedrig zu halten, und in das obere Stockwerk, über der Wohnung seiner Mutter, mit dem Büro einziehen.

Wundert es Sie, dass die Wandlungen, die wir erleben, manchmal enorm sind? In vielen Fällen brauchen wir zwei bis drei Sitzungen. Gelegentlich sind auch drei bis fünf Gespräche notwendig, ganz selten acht bis zehn. In solchen Fällen ist aber auch ein Psychologe dann der bessere Ansprechpartner, zu dem wir dem Betreffenden dann auch raten.

Es gibt auch noch mich!

Tanja B. (32) aus Freiham bei München kam zu uns, weil sie sich nach der Geburt ihres zweiten Kindes überfordert fühlte. Ihr Mann hatte sich als Handwerker selbstständig gemacht und musste auch oft am Wochenende arbeiten. Sie hatte nach dem ersten Kind, als sie begannen ein Haus zu bauen, ihren Beruf als Volksschullehrerin an den Nagel gehängt und kümmerte ich nun alleine um die beiden Kinder und das noch nicht ganz fertige Haus. Eine Unterstützung vonseiten ihrer Familie hatte sie nicht, weil diese zwei Autostunden entfernt wohnte.

Ich versuchte, ihr zu zeigen, wie viel sie leistet und dass sie das auch schätzen darf und kann: Nämlich, dass sie versuchte, immer etwas gekocht zu haben, wenn der Mann heimkam. Das war ihr irrsinnig wichtig. Während andere sich schon zu müde fühlen und sich zu nichts mehr aufraffen können, kochte sie jeden Tag mindestens eine warme Mahlzeit. Daneben klappten Haushalt und Kinder in einer halben Baustelle offensichtlich perfekt.

Damit sie wieder zu sich kam und Kräfte tanken könne, empfahl ich ihr, öfter ihre Familie zu besuchen. Dort wusste sie die Kinder gut versorgt und konnte ausschlafen. Weil sie an diesen Wochenenden merkte, wie gut ihr das tat, bat sie ihre Mutter, doch auch mal immer wieder ein paar Tage zu ihr zu kommen und sie zu unterstützen.

Gerade in solchen herausfordernden Situationen ist es notwendig, Alternativen zu finden, der Person zu zeigen, wie viel sie leistet, denn meistens sehen diese nur noch, was sie alles nicht schaffen. Tanja B. reagierte sehr aufmerksam auf meine Frage: »Wofür machen Sie das? Für tolle Kinder, für starke Familienbande, weil Sie das von Ihrer Familie her so kennen?«

Tanja B. hatte sich selbst vergessen. Ist jemand stark unter Druck, passiert es sehr schnell, dass er die Balance der Wertigkeiten verliert. Vor allem sich selbst – neben der Beziehung und den Kindern. Tatsächlich erkannte Tanja B., dass sie nur noch auf die Kinder und den Mann fokussiert war und nicht mehr auch nur ein bisschen auf sich selbst.

Ich ermutigte sie, etwas für sich selbst zu tun, und stellte ihr die Frage, was sie gern mache, was sie vor den Kindern gerne gemacht hatte. Sie zählte auf, und wir pickten eine Idee heraus, und es gefiel ihr die Aussicht auf eine neue Perspektive in ihrem Leben: Zeit wieder für sich selbst zu haben.

Also sprach sie mit ihrem Mann darüber und sagte ihm,

dass sie einen Qigong-Kurs beginnen wolle. Auch von einer Weiterbildung hatte sie schon lange geträumt. Er erklärte sich bereit, an den Wochenenden, an denen sie diese Weiterbildung besuchte, die Kinder zu übernehmen und ihr den Freiraum zu ermöglichen.

In der sehr beanspruchenden Phase, wenn die Kinder klein sind, ist es für Frauen besonders wichtig, den Mut fassen, sich Unterstützung zu holen, damit sie nicht aus Überbeanspruchung den Sinnbezug verlieren und zum Schluss nicht mehr wissen, was ihnen wichtig ist. Sondern dass sie erkennen, wie das bei Tanja B. auch der Fall war: »Es gibt auch noch mich!«

Endlich frei!

Mit knapp 64 Jahren kam Sieglinde T. zu mir. Sie spürte, dass es Zeit geworden war, etwas zu verändern. Jetzt oder nie!, dachte sie sich. Die drei Kinder waren aus dem Haus. Sie hatte ihre Schwiegermutter »brav und pflichtbewusst«, wie sie sagte, bis zu ihrem Tod begleitet, obwohl es ihr selbst gesundheitlich immer schlechter ging. Bald habe sie nicht mehr die Kraft gehabt, sich gegen ihren immer mehr cholerischen und alkoholkranken Mann zu wehren. Das wollte sie nicht mehr so hinnehmen, meinte sie offen und konnte sich nicht vorstellen, dass das ihr Leben gewesen sein sollte, wie sie mir bei unserer ersten Begegnung zu verstehen gab.

Um etwas zu verändern, brauchte es nicht viel. Da ihr eigener Antrieb sehr groß war, etwas zu tun, aus dieser Spirale auszubrechen.

Ich bat sie, es sich bequem zu machen, die Augen zu schließen und sich vorzustellen, wie es denn sei, alles liegen und stehen zu lassen. Wie wäre es, von zu Hause wegzugehen, und was würde sich da für ein Gefühl in ihr ausbreiten … Sie gelangte in ihren inneren Bildern in eine kleine Wohnung am Waldrand und bekam auf einmal sehr viel Luft.

»Ich kann wieder atmen und fühle mich unendlich befreit,« antwortete sie. Von ihrer chronischen Lungenkrankheit war nichts mehr zu spüren, und ihr wurden die nächsten Schritte klar: Dass es ihr besser gehen würde, wenn sie von zu Hause wegginge.

Gemeinsam erarbeiteten wir die nächsten Schritte, die nun auf sie zukamen. Um sie für die Trennung zu stärken, empfahl ich ihr, regelmäßig zu kommen. Und jedes Mal, merkte ich, wie es ihr besser und besser ging. Sie blühte förmlich auf, und das ist unbeschreiblich schön zu sehen, wie Menschen sich plötzlich mit den richtigen Schritten verändern und dass es nie zu spät ist, die Verantwortung für sein Leben zu übernehmen und dem Ruf der Sehnsucht zu folgen.

Sie besprach ihre Situation und Wünsche mit ihren Kindern, erkundigte sich über ihre Rechte und begann nach einer Wohnung Ausschau zu halten. Und plötzlich hatte sie den Mut, ihre Sehnsucht in die Tat umzusetzen: Sie war so stark und klar, dass ihr Mann, von dem sie sich vorerst nicht scheiden ließ, sondern nur trennte, ihr sogar beim Umzug in die neue Wohnung half.

Sieglinde T. betreut heute ab und zu bei Bedarf ihre Enkelkinder, backt auch mal ihrem Mann einen Kuchen und macht mit einer alten Freundin spontane Kurzreisen in Europa. Sie unternimmt jeden Tag ausgedehnte Spaziergänge im Wald – sie hat wirklich eine kleine Wohnung am Waldrand gemietet – und hat ihre Gesundheit und Lebensfreude wiedergefunden. Früher hatte sie nie ihre Bedürfnisse gelebt, sondern immer die der anderen. Das machte sie jetzt anders!

Sich selbst wieder spüren:
vom Tun zum Erleben

Sich zu spüren und wahrzunehmen, das haben viele Menschen durch die tägliche Anspannung verlernt. Mir saß einmal der Juniorchef eines großen Supermarkts gegenüber, und bei der Frage, was ihn ausmache, kamen wir auch darauf zu sprechen, wo er denn Kraft schöpfe.

Die Antwort von Hermann L. (32), der sehr angespannt wirkte: »Ich lebe am Stadtrand und gehe zumindest viermal die Woche Nordic-Walken.«

Ich war beeindruckt von dieser Antwort, weil ich bei ihm nicht damit gerechnet hatte. Als ich allerdings wissen wollte, was er dabei erlebe, meinte er ernüchternd: Das könne er nicht sagen. Was er aber sagen könne, ist, dass er auf die Uhr sehe und prüfe, wie schnell er jedes Mal sein Ziel, nämlich einen bestimmten Bergrücken, erreiche. Und stolz fügte er an, dass seine Rekordzeit bei fünfzig Minuten läge. Er schien dabei die Natur kaum wahrzunehmen, sondern sein Leistungsdiktat fortzusetzen, nur in einem anderen Rahmen als im Büro.

Um ihm das Spüren und damit auch das Erleben stärker zu erschließen, bat ich ihn, bei seiner nächsten Wanderung darauf zu achten, was ihm so alles in der Natur begegne.

Als er zwei Wochen später wiederkam, berichtete er mir ganz überrascht, dass er festgestellt habe, dass der Weg, auf dem er wanderte, immer anders wäre. Er bemerkte plötzlich das Knirschen des Kieses unter seinen Schuhen, spürte die Härte des Asphalts und machte – das traute er sich erst gar nicht zu sagen – einen Schritt ins angrenzende Gras, um den Unterschied zu prüfen. Und am Ende sei er sogar zu einer der Schneestangen am Wegrand gegangen, die beim Einsammeln im Frühling vergessen wurden, und hätte sie angefasst, um zu sehen, wie sie sich anfühlte.

Auf meine Frage: »Wie war das mit der Zeit?«, meinte er, die wäre plötzlich nicht mehr wichtig gewesen. Ja, die hätte er völlig vergessen.

Das war eine sehr schöne Erfahrung, Hermann L. hatte wieder gespürt. Über das Fühlen eröffnet sich uns die Welt der Gefühle, die uns gute Seismografen beim Einschätzen von Situationen, Menschen und Umständen sind. Ohne zu fühlen, funktionieren wir nur und besitzen nur die Ratio, um Entscheidungen zu treffen. Das ist, als wären wir nur zur Hälfte funktionsfähig.

Um das Spüren für Hermann L. weiter auszubauen, bat ich ihn, drei Dinge, die ihm Freude machen, zu beschreiben und eines von diesen in der nächsten Woche in sein Leben zu integrieren. Während der Arbeit befinden sich viele von uns in einer Art Autopilotmodus. Wir funktionieren, haken To-do-Listen ab und versuchen, der allumfassenden Beschleunigung Herr zu werden. Dabei vergessen wir, bewusst zu fühlen und ab und zu – als kleine »Events« oder Belohnungen – Erlebniswerte in unser Leben zu integrieren.

Hermann L., der in seiner Jugend geritten war, ging auf dem Reiterhof seiner Tochter zum ersten Mal seit langer Zeit wieder auf ein Pferd zu und erzählte mir beim nächsten Mal, was er dabei alles gespürt habe.

Es habe ihm sehr gut getan, über das Pferd sich selbst zu spüren, und er habe für nächste Woche eine Reitstunde ausgemacht. Früher hatte er seine Tochter immer nur zum Reiterhof gefahren, im Auto gewartet, bis sie fertig war, und telefoniert und seine E-Mails abgearbeitet. Nun reitet er sogar wieder und erlebt den neuen Glanz und die Erfüllung der Veränderung.

Mit dem Reiten fing an, was sich nach und nach immer stärker auf seinen ganzen Alltag ausdehnte. Er erkannte die Blätter an den Bäumen wieder, spürte die Wärme des Sonnenlichts und konnte sich wieder ganz neu an dem Geschmack eines guten Essens erfreuen. Alles Dinge, die er früher einfach hinnahm und nicht sah, nicht würdigte. Essen musste man ja schließlich ...

Die Beziehung zu seiner Frau wieder neu entdecken

Daniel T. (45) ist ein sehr gut verdienender Rechtsanwalt und Schöngeist. Er ist verheiratet mit einer Französin und hat zwei Kinder. Wegen der Kanzlei ist er von Graz nach Wien gezogen, seine Frau kam aus Lyon nach Wien. Beide sind sie entwurzelt, doch er geht in seinem Job auf. Sie liebt ihre Kinder, vermisst ihn aber zu Hause und hat das Gefühl, er kümmere sich zu wenig um sie. Jetzt war sie mit dem dritten Kind schwanger und drohte ihrem Mann, zurück nach Lyon zu gehen: Sie habe drei Kinder und keinen Mann, befand sie.

Die ersten Sitzungen mit ihm liefen gut, er erzählte von seinem Leben, wie gut es für ihn laufe und welche häuslichen Sorgen er habe. Als ich nach drei Sitzungen mit ihm wieder einen Termin hatte, stand plötzlich seine Frau in der Tür und sagte: »Jetzt muss ich mir doch schon mal den Mann ansehen, der sagt, mein Mann mache alles richtig.«

Daniel T. hatte sich bei mir also scheinbar die Legitimation abgeholt, dass, wie er lebte und arbeitete, richtig sei. Das war mir so nicht bewusst geworden. Daher sorgte ich in der kommenden Stunde für Irritation, wandte die Technik der existenziellen Erschütterung an. Ich sagte ihm: »Passen Sie gut auf Ihre Frau, Ihre Familie auf, sie ist ein großer Schatz und braucht im Moment große Zuwendung. Es könnte sein, dass Sie diese Perle verlieren, wenn Sie sie nicht pflegen.«

Dieser Satz wirkte wohl, denn ein paar Tage später rief seine Frau an und sagte, ihr Mann sei nun wesentlich präsenter. Er sei wie verwandelt, habe sich bereit erklärt, früher nach Hause zu kommen, um auch mal mit den Kindern zu spielen. Das habe seiner traditionellen Vorstellung, dass er der Erhalter sei und die Frau sich um Haushalt und Kinder zu kümmern habe, wohl eine neue Perspektive gegeben.

Hier setzte ich an und sagte ihm, er solle sich fragen, was ihm wirklich wichtig sei, was ihn ausmache, und gab ihm als Hausaufgabe mit, unseren Wertefragebogen durchzugehen.

Mit dessen Hilfe wurde ihm bewusst, dass ihm die Beziehung zu seiner Frau und den Kindern wichtiger war als seine erfolgreiche Arbeit in der Kanzlei und dass es höchste Zeit war, etwas zu ändern. Er erkannte plötzlich, wie viele Signale seiner Frau er schon übersehen hatte, und stellte beschämt fest, wie wenig er ihren Wünschen nach einer intensiveren Beziehung entgegengekommen war. Sie war ein wirklicher Schatz für ihn, Vertraute, Freundin, Geliebte und nicht nur Hausfrau und Mutter. So genehmigte er bald darauf ihr und sich ein Wellness-Wochenende ganz ohne die Kinder, um ihrer Beziehung wieder eine neue Chance zu geben.

Ein solcher Werte-Abgleich und der Blick ins Innere bewirkten immer Veränderung – doch das Leben ist immer in Bewegung und verändert sich immer weiter.

Mit Freude auf die Früchte des Lebens zurückblicken

Ferdinand H. (73) kam aus einer großen Familie und hatte einen Beruf gefunden, der seine Berufung war. Er war Orgelbauer, hatte seine eigene Werkstatt und bildete junge Menschen aus. Auch privat konnte sich Ferdinand H. glücklich schätzen, er war glücklich verheiratet, war Vater von vier Kindern und inzwischen auch Opa von mehreren Enkelkindern.

Doch er merkte, dass seine Kräfte schwanden und er daran denken sollte, seine Werkstatt zu schließen. Das machte ihn so mürbe, dass er in eine Depression verfiel. Nichts machte ihm mehr Freude, er fing sich einen Infekt nach dem anderen ein und grantelte wegen jeder Kleinigkeit an seiner Frau herum. Selbst die Enkel waren ihm zu viel.

In dieser Situation wandte sich einer der Söhne an mich und schilderte mir seine Not, was denn nur mit seinem Vater sei. An einem Sonntag besuchte ich die Familie und fragte Ferdinand H., was mit ihm los sei. Er antwortet mir voller Frustration: Alles sei vergeblich gewesen, was habe er schon im Leben bewirkt? Die Werkstatt sei jetzt geschlossen, weil keiner sie weiterführe, das, woran sein Herz gehangen habe, wolle keiner übernehmen. Keiner seiner Lehrlinge habe Interesse daran und auch niemand seiner Kinder.

Ich fragte ihn, was er denn so getan habe. Darauf Ferdinand H.: Er habe Orgeln gebaut.

»Wofür denn?«, hake ich nach, »um Geld zu verdienen?«

»Na ja, schon auch.«

»Wofür denn dann?«, frage ich ein weiteres Mal.

Es sei die Begeisterung gewesen, er habe es gemacht, um den Gottesdienst zu unterstützen und in der Konzerthalle etwas beizutragen. »Damit die Menschen mit mehr Freude hinausgehen.«

Das gab mir einen Angelpunkt: »Ja, glaubst du denn, dass die Freude der Menschen aufhört, wenn die Tore deiner Werkstatt geschlossen sind?« Und weiter: »Du hast mit deiner Arbeit zur Freude beigetragen, die weit über dein Leben hinausreichen wird. Ist das nicht eine tolle Leistung? Eine tolle Erfüllung deines Lebens?«

Da hat er mich lange angesehen, und in dem Moment kam wieder Feuer in seine Augen, denn er erkannte, es ging nicht um die Werkstatt, sondern um die Freude, die er weitergeben durfte und die in seinen Orgeln weiterlebte. Wahrscheinlich auch über Generationen hinweg.

Auch das ist ein Teil unserer Arbeit: Wir fragen nach dem Wofür, versuchen dem Gegenüber das Selbstwertgefühl zurückzugeben, für Klarheit zu sorgen und nach Alternativen Ausschau zu halten, denn das Leben ist nicht schwarz oder weiß, es kennt alle Grautöne und kann auch bunt sein. Wir sehen entweder mit Schöpfer- oder mit Opferaugen auf unser Leben. Es ist immer alles da, man muss es nur zulassen, die Begegnung, das Fühlen, das Sehen, um so das Schöne, die Freude und Kraft wahrzunehmen!

Epilog und Dank

»Am Anfang ist dieser Weg nun einmal eng.
Aber im Fortschreiten weitet sich das Herz.
Und wir laufen, in der Freude, in der Liebe,
unseren Weg.«

AUS DEM PROLOG DER ORDENSREGEL
DES BENEDIKT VON NURSIA

Liebe Leserin, lieber Leser!
Sie sind am Ende dieses Buches angekommen. Ich durfte Sie begleiten und Ihnen hoffentlich einige wertvolle Impulse geben. Auch mich haben in der Zeit der Entstehung dieses Buches Menschen begleitet, bei denen ich mich nun bedanken möchte. Zuerst mal bei Christine Koller, die den Text mit entstehen ließ, ihn geformt und gefeilt hat. Dann bei Nina Zyla-Auteried, die mich bei vielen inhaltlichen Fragen beraten und unterstützt hat. Ulf Häfelinger hat wertvolle Impulse für die Struktur beigesteuert, und viele der Werte-Fragen habe ich mit Gabriele Sevignani erarbeitet.

Mein Dank gilt auch meiner großen Familie und meinem Freundeskreis für alles, was ich mit ihnen und durch sie lernen durfte und wie sie mich bis heute begleitet haben. Dank an meine Frau und meine Tochter, die während der Zeit des Schreibens immer wieder zusätzlich auf mich verzichten mussten. Meinen Klientinnen und Klienten für ihr Vertrauen und das gegenseitige Wachsen und allen Seminar- und Ausbildungsteilnehmerinnen für alles, was ich durch und mit ihnen erfahren durfte.

Auch dem Scorpio Verlag, besonders Dagmar Olzog, gilt mein Dank!

Ich habe in diesem Buch aus stilistischen Gründen weitgehend auf das »Gendering« verzichtet. Ich hoffe, dass sich niemand dadurch verletzt fühlt.

Zuletzt gelten mein Dank und meine Anerkennung allen Autoren und Büchern, die mich inspiriert haben. Sollte ich beim Zitieren jemanden vergessen haben oder nicht ganz korrekt gewesen sein, war dies nicht meine Absicht.

Ich bin sehr dankbar, dass ich dieses Buch verfassen konnte. Viele Ideen haben mich begleitet. Auch auf Ihr Feedback bin ich gespannt.

Mich mit Leben, Sinn und Beziehung zu beschäftigen ist meine Berufung, und ich freue mich schon darauf, dies vielleicht auch in weiteren Büchern erweitern und vertiefen zu können!

Literatur

Diese Bücher sind eine kleine Auswahl von den vielen, die mich bei diesem Buch inspiriert haben und die ich Ihnen empfehlen kann:

Balthasar, Hans Urs von: *Glaubhaft ist nur Liebe*, Einsiedeln 1963

Bauer, Joachim: *Prinzip Menschlichkeit*, Hamburg 2006

Böschemeyer, Uwe: *Unsere Tiefe ist hell*, München 2005
- *Worauf es ankommt. Werte als Wegweiser*, München 2003

Buber, Martin: *Ich und Du*, Gerlingen 1997

Chopra, Deepak: *Die sieben geistigen Gesetze des Erfolgs*, Berlin 2008
- *Heilung*, München 2010

Drewermann, Eugen: *Wir glauben, weil wir lieben*, Ostfildern 2011

Frankl, Viktor E.: *Ärztliche Seelsorge*, München 2007
- *Der unbewusste Gott*, München 2002
- *Der leidende Mensch*, Bern 2005
- *Der Wille zum Sinn*, Bern 2005
- *... trotzdem Ja zum Leben sagen*, München 1995

Fromm, Erich: *Haben oder Sein,* München 2001

Hesse, Hermann: *Wer lieben kann, ist glücklich: Über die Liebe,* Frankfurt 2002

Hüther, Gerald: *Bedienungsanleitung für ein menschliches Gehirn,* Göttingen 2006

– *Die Macht der inneren Bilder,* Göttingen 2006

Jaspers, Karl: *Vom Ursprung und Ziel der Geschichte,* München 1963

Jung, Carl Gustav: *Psychologie und Religion,* München 2001

Kast, Verena: *Die Tiefenpsychologie nach C. G. Jung,* Ostfildern 2014

Lukas, Elisabeth: *Geist und Sinn,* München 1990

– *Lehrbuch der Logotherapie,* München 2004

Oriah Mountain Dreamer: *Die Einladung,* München 2000

Pico della Mirandola, Giovanni: *Über die Würde des Menschen,* Zürich 1996

Quarch, Christoph: *Das große Ja,* München 2014

Reddemann, Luise: *Imagination als heilsame Kraft,* Stuttgart 2001

Rohr, Richard: *Pure Präsenz,* München 2010

Roth Gerhard: *Fühlen, Denken, Handeln,* Frankfurt 2001

Scheler, Max: *Die Stellung des Menschen im Kosmos,* Bonn 2002

Schubert, Christian: *Was uns krank macht – Was uns heilt,* Munderfing 2016

Schutz, Roger: *Die Quellen von Taizé,* Freiburg 1996

Siegel, Daniel: *Mindsight,* München 2012

Singer, Wolf & Ricard, Matthieu: *Hirnforschung und Meditation,* Frankfurt 2015

Steindl-Rast David: *Und ich mag mich nicht bewahren,* Innsbruck 2012

– *Achtsamkeit des Herzens,* Freiburg 2013

Spitzer, Manfred: *Vom Sinn des Lebens. Wege statt Werke,*
    Stuttgart 2007
Tipping, Colin: *Ich vergebe,* Bielefeld 2013
Tolle, Eckhart: *Jetzt! Die Kraft der Gegenwart,* Bielefeld 2008
Walch, Sylvester: *Vom Ego zum Selbst,* München 2011
Wilber, Ken: *Integrale Spiritualität,* München 2007
Woelm, Elmar: *Mythologie, Bedeutung und Wesen unserer
    Bäume,* Münster 2007
Zink, Jörg: *Die goldene Schnur,* Stuttgart 1999
Zweig, Stefan: *Die Heilung durch den Geist,* Wien 1936